이해할수록 잘 보이는 日本

저자 신혜경

Publishing Company

추천의 글

일본 대학원에서 사회언어학을 공부한 저자가 일본에서 15년간 살면서 경험하고 배우고 느낀 것을 객관적으로 기술한 역작으로, 일본을 이해하고 국제적인 시야를 넓히는 데 크게 도움이 되리라고 믿어 추천하는 바입니다.

이 책에서는 일찍이 일본문화에 관한 많은 책들에서 볼 수 없었던 새로운 관점의 기술방법과, 일본사회를 구석구석 발로 걸어 체득한 그의 異문화관을 발견합니다. 검증적이면서 치우치지 않고, 이해하기 쉬우면서 결코 가볍지 않은 글에서, 일본과 일본 문화, 일본인들에 대한 따뜻한 시각과 열린 마음을 느낄 수 있습니다.

또한 연구자로서의 예리한 관찰의 눈으로 바라본 현상들이 그의 글을 더욱 값진 것으로 만들고 있습니다. 그의 지적에는 저도 동감하는 바가 많아 추천하고자 합니다.

이 책을 통해 일본에 대한 이해뿐 아니라 한국인 스스로를 돌아보게 되는 계기가 될 것으로 기대하며, 한일간의 새로운 100년을 시작하는 시점에서 많은 분들에게 일독을 권하는 바입니다.

이어령
(중앙일보 고문, 전 문화부 장관)

추천의 글 2

　2010年9月、日韓関係は新しい100年を迎えました。新しい日韓関係の100年は、さらに深さと広がりを兼ね備えた日韓協力の時代、お互いに相手方から学び合う時代になるでしょう。
　国交正常化以来、日韓関係は交流と相互理解の増進を基礎に発展してきました。今日、日韓間では年間500万人を超す人々が往来し、多くの人々がお互いの言葉を学び合っています。また両国には韓流ファン、日流ファンという相互の文化を愛好する人々を中心に、相手国に親しみを感じる人々が増えています。これまで両国の間では、しばしば歴史問題を巡って軋轢が生じましたが、今後は歴史問題のために、両国が協力関係を進めることができない、という状況は少なくなるでしょう。韓国はG20のソウル開催で示されたように、国際的役割を高めており、また経済も先進国に仲間入りし、両国の協力の余地は急速に高まっています。
　同時に、今日の韓国の発展は、韓国の特性と柔軟性、世界に目を向けた先進的姿勢が大きく寄与していると思います。これらは、日本

にとって大いに参考となるものであります。韓国の発展の初期段階では、韓国の方々は日本から学ぶところが大きかったといわれますが、今日では両国は学び合いという面でも対等になっています。まさにお互いが学び合うことで、ウィン・ウィンの関係が築かれるでしょう。

　こうした関係を築くにあたって、さらに進めるべきことは、日韓間で映画、音楽、スポーツなど特定分野での交流を通じた相互理解を超えた、両国を総合的に理解する人々を増やす努力だと思います。そのためには相互の留学生交流を増やすことがもっとも重要だと思います。と同時に相手国を全体的に理解する人々の体験談を通じ、理解し合うことも重要と考えます。

　申惠瓊氏の書かれた「理解するほどよく見える日本」は子供の成長過程及び大学院での研究、教員、主婦の立場で日本を見、日本を理解し、まさに日本人の心を温かい目で見つめてこられた筆者の経験に基づいて書かれています。まさしく、日本人といかに共生していくべきかを提言する画期的な本だと思います。著者は日本に渡って最初の半年は日本の良い面が目につき、その後に日本の悪い面に気づきホームシックにかかったと言います。その後、日本を理解し日本の生活に適応して15年間日本で生活しました。そうした体験を経てこの本に語られている内容は、良い面も悪い面も日本を開かれた心で見つめ、日本を率直に理解しようという姿勢が存分に出ています。著者が指摘する点には、私も共感できることが多く含まれていますので、是非読ん

でいただき、日韓関係をともに考えていただきたいと思います。

　私は、大使として今後100年をいかに築いていくかを皆様と良く話し合いながら、日韓関係の未来のために全力を傾けたいと考えます。

　2010년 9월, 일한관계는 새로운 100주년을 맞이하였습니다. 새로운 일한관계의 100년은, 깊이와 폭을 함께 갖춘 일한관계가 될 것이며 또한 상대방으로부터 서로 배우는 시대가 되리라고 봅니다.

　국교정상화이래, 일한관계는 교류와 상호이해 증진을 기초로 하여 발전해왔습니다. 오늘날, 일한관계에서는 연간 500만명이 넘는 사람들이 왕래하고 있고, 많은 사람들이 서로의 언어를 배우고 있습니다. 뿐 만 아니라, 한류팬, 일류팬이라고 하는 상호문화를 좋아하는 사람들을 중심으로, 상대국에 친근감을 갖고 있는 사람들이 증가하고 있습니다. 지금까지 양국은 빈번히 역사문제를 둘러싸고 알력이 있었으나, 이후로는 역사문제로 인해, 양국이 협력관계를 구축하지 못하는 상황은 적어지리라고 봅니다. 한국은 서울에서 개최된 G20 정상회담에서 보여준 것처럼, 국제적 역할관계를 증가시키고 있으며, 경제적인 측면에서도 선진국에 들어가게 되어, 양국의 협력관계의 여지는 급속히 높아지고 있습니다.

　동시에 오늘날 한국발전은, 한국의 독창성과 유연성, 세계에 눈을 돌린 선진적 자세가 크게 기여하고 있다고 생각합니다. 이와 같은 장점은 일본에게도 크게 참고가 될 수 있다고 생각합니다. 한국 발전의 초기단계에서는 일본으로부터 배우는 점이 많다고 한국 분들은 말씀하고 계십니다만, 오늘날에는 양국은 서로 가르쳐주고 배운다는 점에서, 윈.윈 관계를 쌓아갈 것입니다.

이러한 관계를 쌓아가는데 있어서, 더욱 추진해야 할 일들은, 양국간에 영화, 음악, 스포츠 등 특정분야에서의 교류를 통해서 상호이해를 뛰어 넘어서, 양국을 총체적으로 이해하는 사람들을 증가시키는 노력이라고 생각합니다. 그러기 위해서는 상호 유학생 교류를 늘리는 일이 무엇보다도 중요하다고 여겨집니다, 동시에 상대국을 전반적으로 이해하는 사람들의 체험담을 통해서 이해하고 이해 받는 일도 중요하다고 생각합니다. 신혜경 교수가 쓴『이해할수록 잘 보이는 일본』은 어린 자녀의 성장 및 대학원에서의 연구 활동, 교원, 주부의 입장에서 일본을 보고 일본을 이해하여, 일본인의 마음을 따뜻한 눈으로 바라보아 온 필자의 경험에 기초하여 기술하고 있습니다. 그리고 앞으로 일본인과 어떻게 공생해 갈 것인가를 제언한 획기적인 책이라고 생각합니다. 저자는 일본에 건너가 처음에 반년은 일본의 장점만 눈에 띄고, 그 후에 일본의 단점이 눈에 띄면서 향수병에 걸렸다고 합니다. 그 후, 일본을 이해하고 일본 생활에 적응하여 15년간 일본 생활을 했습니다. 이와 같은 일본 체험을 통하여 이 책에서 말하고 있는 내용은 일본의 장점도 단점도 열린 마음으로 바라보고, 일본을 솔직하게 이해하려고 하는 자세가 충분히 나타나 있습니다. 저자가 지적하는 점들에는 저도 공감할 수 있는 부분이 많이 포함되어 있기 때문에, 많은 분들이 필독하여 일한 관계를 함께 생각해 나갔으면 합니다. 저는 대사로서 향후 백 년을 일한관계를 어떻게 구축해 나갈 것인가를 여러분과 함께 대화를 해가면서 일한관계의 미래를 위해 전력을 기울이고 싶습니다.

武藤正敏
(駐大韓民国日本国特命全権大使)

추천의 글 3

　申惠璟氏は、１５年に及ぶ日本滞在を通して、さまざまな日本文化とそこに生きる日本人の心に触れてこられました。一人の韓国人女性が、妻として、母として、学生として、教師として、それぞれ異なる立場で、異なる視点で日本という国を見つめてきたその目には、私達日本人の目には映らない日本文化の特質と日本人の姿がありありと映っています。そして、それら一つ一つが筆者の日本に対する思いと相俟って、この一冊に見事に集約されました。

　日本の良い面も悪い面も、コインの裏表と同じように表裏一体をなす文化の自然な姿として捉えた上で、日本から学べるものは何かという謙虚な筆者の姿勢が文中のいたるところに感じられます。15年の歳月をかけ日本を、つぶさに見つめてきた筆者の暖かな眼差しからは、韓日両国の文化の違いこそあれ、決してそこに優劣の差はないのだという確信が伝わります。

　新たな視点で日本文化を理解できる優れた本として、一読をお薦めいたします。

저자는, 15년간의 일본 생활을 통해, 일본의 여러 가지 문화와 거기에 담긴 일본인의 마음을 접해왔습니다. 한 사람의 한국 여성이, 아내로서, 어머니로서, 학생으로서, 교사로서, 각기 다른 관점으로 일본이라는 나라를 바라보아 온 그 눈에는, 우리들 일본인의 눈에는 잘 보이지 않는 일본문화의 특징과 일본인의 모습이 생생하게 비춰져 있습니다. 그리고 그 하나 하나에 일본에 대한 저자의 애정이 잘 나타나, 이 한 권에 훌륭하게 집약되어 있습니다.

일본의 좋은 면도 나쁜 면도, 동전의 양면처럼 일체가 된다는 생각으로 받아들인 후, 일본으로부터 배울 점은 무엇인가를 생각하는 겸허한 저자의 자세를 글 구석구석에서 느낄 수 있습니다. 15년의 세월 동안 일본을 구석구석 바라보아 온 필자의 따뜻한 눈길에서는, 한일 양국의 문화의 차이는 있을지언정, 거기에 결코 우열은 없다는 확신이 전해져 옵니다.

새로운 관점에서 일본문화를 이해할 수 있는 이 책의 일독을 권하는 바입니다.

伊達 久美子
(서강대학교 문학부 일본학 교수)

감사의 글

일본에 도착하여 처음 수개월은 새로운 문화에 대한 흥분과 말이 통하며 얼굴색이 같고, 내 발로 걸어 다니는 데서 오는 안도감 등으로 행복하기만 한 나날이었다. 그러다 일본이라는 나라와 사회, 일본인에 대해 알아갈수록 실망이 커져 실망기를 겪던 차에 일본인 프리 저널리스트인 이누카이(犬養)의 책을 여러 권 읽으면서 일본에 대한 이해기에 접어들게 되었다. 이누카이는 다년간 유럽에 체재하면서 유럽 여러 나라에 대한 경험담에 기초한 문화론을 수십 권 저술한 분이다. 청년 장교들의 저격 사건인 515사건으로 소녀기에 총리대신이던 할아버지 이누카이 쓰요시(犬養毅)의 사망을 가까이에서 겪은 분으로 일본 밖에서 바라 본 일본을 객관적으로 기술하였다. 그리고 이누카이의 책에서 필자는 평소에 느끼던 일본에 대한 실망, 네거티브한 느낌의 많은 부분을 공감할 수 있었다. 책을 읽으며 '일본인도 밖에서 일본을 보면 이렇게 객관적으로 보는구나'하며 '일본에 대해 내가 이렇게 뿔따구가 나는 것도 무리가 아니다'라고 이해할 수 있었다.

필자가 이누카이의 글을 통해 일본에 대한 실망에서 이해로 접어들 수 있었던 것과 같이, 한국인들이 일본을 이해하는 데에 이 책이 도움이 되었으면 한다. 1978년 처음 일본으로 건너가 가정주부로, 대학원생으로, 대학강사로 근무하면서 겪은 경험들을 통해 느낀 일본문화와 일본인의 의식을 필자 나름대로 객관적으로 전하려고 노력함으로써, 현대 일본과 일본인, 일본사회를 이해하는데 도움이 되기를 소망하며, 그것이 필자의 맡은 바 책무와 소명이라 여긴다.

1978년 당시 3살, 4살이던 두 아이가 헤이안(平安, へいあん) 유치원, 동경 한국 학교 초등부를 나와 세인트 메리 인터내셔널 스쿨(St. Mary's International School)을 졸업한 후 대학에 입학할 때까지의 성장기 동안, 함께 공부하고(필자의 석, 박사과정) 살던 시절이 엊그제 같은데 세월이 흘러 늦게나마 이 책을 세상에 내게 된 것을 감사히 여긴다. 처음 수년간은 일본의 일부만 보고 전체를 논하는 데서 범할지 모를 우(愚)를 피하기 위해 뜸을 들이다 보니, 또한 재직하는 학교에서 매학기 새로운 일의 시작으로 바쁘고, 또 하루하루의 일과에 치이다 보니 뜻을 품은 지, 그리고 귀국한지 17년이라는 세월이 흐른 뒤에 이 책이 세상 빛을 보게 되었다. 더 이상 뜸들이지 못하게 격려해 주신 조문희 선생님과 제이앤씨 출판사 사장님의 공으로 돌리며 감사히 여긴다. 오래 전 일이지만 일찍부터 기록해 두었던 기억과 메모에 덧붙여 해마다 일본에 가서 열심히 경험하며, 일본인들과의 교류, 필요할 때는 면접조사, 필자가 직접 찍은 사진자료 등을 통해 업데이트 하는

데 최선을 다했다.

이 책을 교정보느라 수고해주신 제이앤씨 관계자 여러분과 고생해준 사랑하는 서강대 조교들과, 부족한 이 책을 통해 필자에게 많은 도움을 주고 일본 이해를 위해 헌신해준 양국의 수많은 지인들께 심심한 감사의 뜻을 전한다.

무엇보다 이 책이 나오기까지 자문에 응해주고 요양지에서 필자의 일이 마무리 되는걸 묵묵히 기도하며 기다려 준 남편 신현우 장로에게 감사의 마음을 전한다. 힘든 가운데 이 모든 일을 감당케 해주신 주님께 모든 영광을 올려드린다.

저자 申惠璟

Contents

추천의 글   003
추천의 글 2   005
추천의 글 3   010
감사의 글   012

1   서문   017

2   현대 일본을 만든 원동력 :
교육

아이들의 유치원 생활   027
일본인의 자녀교육 : 버릇들이기   033
인사성 바른 일본인   039
일본의 현대교육과 자녀교육   043
경제대국 일본과 가정교육   049

3   현대 일본을 만든 원동력 :
의식구조

혼네(本音)와 다테마에(建前)   061
네마와시 / 아리가타메이와쿠   074
공통체의식 / 절약정신   079
책임감과 타인에 대한 배려   087
공사구분과 프로의식   092

Contents

4 현대 일본을 만든 원동력 :
더불어 살기

문화 접촉과 의사소통 능력　101
타 문화권 사람들과 어울려 살기　106
사람 사는 곳은 어디나 인간관계　110
일본의 의식주 생활　121
일본의 보험제도　150

5 일본에 대한 새로운
시각

異文化 적응기에 이르는 과정별 특징　155
한국인과 일본인의 상호평가　163
문화는 우열이 아니고 다를 뿐　169
한일 양국의 나아갈 길　172
글로벌 시대를 향하여　184

6 후기　191

서평　197
참고문헌　203
찾아보기　205

1
서문

이 해 할 수 록 잘 보 이 는 일 본

서문

최근 수년간 한류 붐의 영향으로 일본 내에 한국 음식을 비롯한 한국문화, 한국 드라마, 한국 연예인들에 대한 관심과 인기가 높아지긴 했다. 하지만 10여 년 전 필자가 일본에 체류할 때에만 해도 한국은 매년 내각 총리부 조사통계 결과 일본인들이 좋아하는 나라라기보다는 싫어하는 나라에 속해 있었다. 그러나 현재 한국에서 일본어를 공부하는 사람들 수(910,957명, 2006)보다 일본에서 한국어 공부하는 사람(약 200만 명, 2010)이 더 많고 그 수도 늘고 있으며, 매년 한일간의 입국자 수의 증가와 함께(매년 500만 명 이상, 2005, 2009) 양국간의 유학생 수도 증가하고 있다.

상세한 데이터는 다음과 같다.

(1) 한국 체류 일본인수   45,358명 (전체 외국인 대비 3.84%)[1]

---

[1] 출입국 관리사무소, 2010.

일본 체류 한국인수   593,489명 (전체 외국인 대비 26.6%)[2]

(2) 한국으로 입국한 일본인수 2,977,550명 (전체 외국인 대비 42.9%)[3]
　　일본으로 출국한 한국인수 2,322,460명 (전체 외국인 대비 18.4%)[4]

(3) 한국에 유학 온 일본인 유학생수 1,257명 (전체 외국인 대비 1.84%)[5]
　　일본에 유학간 한국인 유학생수 18,862명 (전체 외국인 대비 6.56%)[6]

(4) 한국에서 일본어 학습자수 910,957명[7]
　　일본에서 한국어 학습자수 2,000,000명[8]

　　1998년 한일 양국 간에 체결된 '한·일 파트너십 선언'과 2002년 한일 월드컵 공동 개최로 한일간의 인적 교류, 문화 교류는 매년 증가하는 추세이다. 주일 한국문화원에 의하면 'NHK 한글 강좌'를 100만 명 이상이 시청하고 있다고 한다. 이를 통하여 볼 때 드라마나 연예인으로부터 시작된 한류 붐이 한글 공부로 이어지고 있으며 2002년 한일 월드컵을 계기로 한국어 학습자가 급증한 것을 알 수 있다. 일본 정부에서 매년 실시하는 일본인의 対 외국 호감도 조사 결과도, 한국

---

[2] 일본 법무성 입국관리소, 2007.
[3] 통계청, 2009.
[4] 법무부『출입국통계연보』, 2005.
[5] 출입국 관리 사무소, 2009.
[6] 일본학생 지원기구, 2008.
[7] Japan Foundation, 2006.
[8] 2010 문부과학성 추산.

에 대한 친밀감이 63.1%(내각총리부, 2009)로 1978년 조사 시작이래 최고치를 기록하고 있으며, 이 조사결과는 1997년 조사결과와 역전된 수치이다.⑨

1995년에 일본 내 4년제 사립대학에서 한국어 교육을 실시하는 학교가 415교이었던 것이 2000년부터 꾸준히 늘어 한일 월드컵이 열린 2002년에는 512교로 늘어났다.⑩ 또한, 한국어 능력 시험에 응시한 일본인은 1997년 1,529명에서 2009년 10,444명으로 증가하였고, 2003년 한국어 과목 개설 고교는 219교(6,476명)에서 2009년에는 246교(8,865명)로 늘어났다.⑪

이러한 현상을 바탕으로 사카키 바라 일본 케이단렌(経団連) 부회장은 2010년은 한일 강제 병합 이후 100년의 관계를 디딤돌로, 21세기에 새로운 100년의 관계를 어떻게 구축해갈지를 생각해야 하는 중요한 해임을 강조하며, 2차 대전 이후 독일처럼 일본 또한 정부차원에서의 과거 역사에 대한 철저한 규명과 반성이 필요하다는 전문가들의

---

⑨ 내각총리부『외교에 관한 여론조사』참고. 1997년 내각총리부의 조사 결과, '한국에 대해 친근감을 느낀다'가 6.6%, '어느 쪽인가 하면 친근감을 느낀다'가 29.2%, '어느 쪽인가 하면 친근감을 느끼지 않는다'가 35.1%, '친근감을 느끼지 않는다'가 24.8%, '모른다'가 4.2%로 '한국에 대해 친근감을 느낀다'고 답한 비율이 전체의 35.8%, '친근감을 느끼지 않는다'고 답한 비율은 59.9%였다. 반면 2009년 조사에서는 '친근감을 느낀다'가 21.7%, '어느 쪽인가 하면 친근감을 느낀다'가 41.4%, '어느 쪽인가 하면 친근감을 느끼지 않는다'가 19.8%, '친근감을 느끼지 않는다'가 14.4%, '모른다'가 2.7%로, '친근감을 느낀다'가 63.1%, '친근감을 느끼지 않는다'가 34.2%가 되어 1997년 조사와 상반된 결과를 보였다.
⑩ 문부과학성의 학교 기본 조사(1995, 2002)
⑪ http://www.hankyung.com/news/app/newsview.php?aid=2010051444231&intype=1

의견을 덧붙였다.

　이러한 시점에서 '일본문화의 이해'라는 주제로 이 책을 출간하게 된 것은 조금 늦은 감은 있지만 필요한 시기에 왔다고 여겨진다.

　현재 국내에서 간행되는 '일본문화'가 들어가는 저서는 343권(교보문고 검색)이상이며, 그 중에서도 세분하면 역사/문화 부문은 134권에 달한다. 천황제도, 정치, 경제, 역사, 사회, 무사도, 다도, 의식주, 전통문화, 대중문화, 지리, 연중행사, 영화, 만화, 죽음 등으로 일본문화의 전반을 다룬 이 책들은 일본문화 개론이나 입문서 내지 해설서라 할 수 있다. 다시 말해 일본문화의 각 분야에 대해 해석과 분석을 기술하기보다는 일본문화의 다방면에 걸쳐 개론적 소개에 그친 내용이 많이 있다. 물론 개론서는 나름대로 의미가 있으나 인터넷에서 찾아볼 수 있는 정보의 수준을 넘지 못하는 경우가 많이 보인다. 윤상인(2010)의 지적대로 정형화된 일본에 대한 이해를 일본적 특질로 안이하게 규정하는 '일본문화론'을 많이 발견할 수 있다고 할 수 있다.

　이와 같은 한일간의 국제 관계와 인적, 문화 교류의 현 시점에서 필자는 한국과 일본의 중간 지점에서 서로를 객관적으로 바라보고자 한다. 또한 윤상인이 지적한, "개인적 체험이나 단편적 에피소드만을 나열해가며 일본인의 심성이나 사회구조를 거침없이 재단하는… 主情적 일본론이나… 일본 사회나 문화의 이질적인 부분을 필요 이상 확대하여 분리된 특수한 영역 속에 가두어 버리는 선정적 일본론…"과 상업주의에 편승하는 포퓰리즘을 견제하고자 노력했다.

넓은 뜻(廣義)의 '일본문화'를 다루는 동시에 '한국문화'와 비교함으로써, 일본과 일본인, 일본 사회를 객관적으로 살펴보는 것은 물론 한국과 한국인, 한국 사회를 돌아볼 수 있었으면 한다.

이해할수록
잘 보이는
日本

2

현대 일본을 만든 원동력:
교육

이 해 할 수 록 잘 보 이 는 일 본

현대 일본을 만든 원동력 :
교육

아이들의 유치원 생활

필자의 아이들이 만 3살, 4살이 되는 4월말에 도일하여 그 해엔 유치원 입학을 할 수가 없었다. 일본은 4월초가 신학기인데다, 베이비 붐 시기에 태어난 아이들이 많았던 당시에는 사립 유치원은 밤새 줄 서서 신청해야만 했던 시절이었기 때문이다. 그래서 이듬해 1979년 4월, 큰 아이는 年長반, 둘째는 年少반에 입학하게 되었다. 함께 놀던 동네 아이들 N군, Y군, T짱(귀엽게 부르는 호칭)은 모두 집 앞에 있는 일본 신사(神社)에서 운영하는 유치원에 들어갔다. 필자의 아이들은 거리는 멀어도 일본 그리스도교에서 운영하는 헤이안(平安) 유치원에 입학했다. 필자의 종교가 기독교이기도 하고, 만약의 불상사에 대처하기 위해서였다. 그 유명한 가톨릭계 성심(聖心) 유치원에 다니던 한국인 지인의 딸아이가 어느 날부터 유치원엘 안 가겠다고 했다고 한다. 수업 참관일에 보니, 그 딸이 일본 친구와 죽고 못살 정도로 친하게 놀다가, 그 일본친구의 엄마가 오는 걸 보고 떨어져 앉더라고 했다. 그 이유가 그 아이 엄마가 한국 친구와 놀지 말라고 하여서라는 걸 그 지인은 나중에 알게 되었단다. 그 날로 그 지인은 딸아이를 다른 유치원으로 전학시켰다는 이야길 들었다. 필자는 그럴 경우에 대비하여 필자와 같은 종교인 기독교 유치원에 아이들을 넣었던 것이다. 다행히 두 아이가 다니는 2년 간 그런 불행은 발생하지 않았고, 두 아이들은 많은 친구를 사귀면서 인정받고 다녔다.

그 유치원은 연장, 연소 한 반에 80명씩, 두 반에 160명이 다니던 곳으로, 공무원 사택 단지와 나란히 위치하여 원생의 90% 이상이 공무원의 자녀들이었다. 동경대 법대를 나와 사법, 외무, 행정 고시를 패스하여 법무성, 외무성, 문부성, 현 재무성(당시 대장성) 등을 다니는 30대 공무원들의 자녀들이 많이 다녔다. 유치원이 끝나면 오늘은 하야시(林) 군 집, 내일은 필자의 집 등으로 아이들을 쫓아다니며 그 부인들과도 가까워졌다. 큰 아이가 졸업 후 둘째만 연장반으로 올라간 날, 야쿠인(役員, 학부형 임원을 지칭하지만 실질적으로는 봉사팀)에 뽑힐 것 같은 예감이 들어 임원회에 안 나갔다.

그 다음 날 유치원에 가니 필자가 연장반 임원으로 뽑혔다고 한다. 그 유치원은 매일 9시에 유치원 앞까지 아이들을 데리고 가, 유치원 선생님에게 인계하고 오후 1시에 유치원 선생님으로부터 인수받아 오는 식으로 하며, 수요일만 도시락 없이 가서 11시 반에 끝난다. 일요일에 교회 출석이 의무인 대신에 토요일에 유치원을 쉬었다. 수년 전부터는 한 달에 한 번씩 토요일에 모든 학교가 쉬는 제도가 생겼으나, 1978, 79년에는 아직 모든 학교와 유치원이 토요일을 휴일로 지정한 것은 아니었다. 그 날도 1시에 아이들을 데리러 갔더니 다른 임원들이 내가 임원에 선출되었다고 말하기에 할 수 없다고 하니, 위의 아이가 초등학교 진학을 했고, 밑에 손이 가는 동생이 있는 것도 아니니 내가 꼭 해야 한다고 거절할 수 없는 이유와 논리로 말을 한다. 할 수 없이 맡게 된 자리였지만 임원으로서 1년간 봉사한 것은 그들의 문화를 배우는 하나의 계기가 되었다. 일단 임원이 되면 학벌 등을 따지는 일 없이 고교만 졸업한 분에게 대학 나온 분이 정중히 대하고 말없이 협조하며, 자치 활동에 관계된 행사의 일련으로 청소, 설거지 등을 꼼꼼하고 깔끔하게 내 집 부엌일처럼 물 한 방울 낭비하거나 튀기지 않고, 싱크대를 닦아도 내 집처럼 깔끔하게 훔치고, 행주 하나를 빨아도 깨끗이 헹구어 너는 것을 보면서 그들의 부강함을 만든 똘똘 뭉침과 협동심과 깔끔한 끝마무리를 느낄 수 있었다. 명칭만 임원이지 철저히 봉사팀이다.

한 학기에 한번 연장, 연소반 아이들 선생님 둘이 원생들 가정을 방문하는 날이 있다. 차를 나누며 아이들 얘기를 나누다 둘째가 자기 이름(두식)을 선생님이 "도 - 시쿠"라고 한다고 볼멘소리를 한 게 기억이 나 얘기하자 나도 후회할 정도로 담당 선생님 얼굴이 빨개졌다.

일본어는 모음이 '아, 이, 우('으'에 가까운 발음), 에, 오'밖에 없고 받침도 없기에 '두'도 안 되고, '식'도 어려운 걸 알면서 얘기한 걸 후회했다.

돌아가려 할 때 드시라며 김 한 톳씩을 선물했다. 한 분은 극구 사양하고, 나는 권하고 하니, 다른 한 분이 작은 소리로 "다른 선생님 들이랑 나누면 되죠"한다. 다음 날 1시에 유치원에 가니 유치원 모든 선생님들이 김 잘 먹었다고 인사한다. 원생 가정방문을 선생님 두 분이 함께 다니는 것을 좋은 뜻으로 이해하게 되었고, 정치적 뇌물 등이 없는 사회가 없듯이 일본 역시 뇌물로부터 자유롭진 못 하나, 그래도 어린이들을 가르치는 유치원 선생님들의 태도에서 상쾌함이 느껴지고 배울 점이라 여겨졌다. 사회의 어두운 부분은 어느 사회나 존재하나, 최후까지 깨끗해야 할 교직과 종교인들의 처신에서 아직 한국의 가야 할 길이 먼 것을 실감한 기회이기도 했다. 수년 후 한국 언론에서 터뜨린 대학 예능 담당 교수들의 입시비리를 보며 놀란 적이 있었다. 그런데 그런 기사를 왜 이 시점에서 터뜨렸는지 모른다며 사실 자체에 대해서도 전혀 놀라지 않고 예상했다는 듯 대응하는 한국인 후배의 태도를 보며, 악을 보고 놀라지 않는 정도로 무뎌진 한국 사회의 도덕성과 나아갈 길에 대해 몇 날 며칠 고민하곤 했다. 설마 나와 가까운 친구인 K는 안 그랬겠지 하면서도 반신반의 하는 나 자신의 가치관도 상처를 입은 사건이었다.

필자가 일본 도착한 날부터 일본 신문을 구독한 데는 그 사회를 공부하려는 목적이 컸다. 또 다른 이유는 매일 어두운 사건만 실리는 한국 신문을 일본에 와서까지 보는 게 우울해서였다. 70년대 말은 특히 학생들의 민주화 운동이 극에 달했던 시기로 NHK 밤 9시 뉴스에서는 거의 매일 밤, 화염병을 던지는 한국 데모 현장을 보여주곤 했다. 그러다 보니 어느 날 토호쿠(東北)지방 출신의 순박한 유치원 학부형이 이렇게 스사롭게 묻는다. 160명 원생 중, 우리 아이만 한국 출생으로 모두 일본인들이었다. "한국에 자유롭게 갈 수 있어요?" 그 땐 나도 역시 스사롭고 담담하게 "물론이죠" 했으나 지금 생각하니 아마 전쟁 중인 아프가니스탄인에게 "아프가니스탄에 자유롭게 갈 수 있어요?"라고 질문하는 것과 같은 맥락의 질문이었던 것으로 이해가 되며, "그런 질문 할 수도 있었겠네"라는 마음이 든다.

유치원에서 1년에 한 번 임원회가 기획하여 학부형 모두가 참가하는 친목행사가 열리곤 했다. 필자가 임원으로 봉사하던 1980년 가을 어느 날, 친목회 준비모임이 열렸다. 연례행사로 탁구대회를 열어 왔는데 그 해도 "그대로 열까"라는 질문이 먼저 나왔다. 별로 구체적인 안이 안 나오자 필자가 "탁구는 160명 중 기껏해야 4명, 8명밖에 못하나, 노래 못하는 사람은 없으니 160명 모두 참가하는 합창을 하자"고 제안했다. 만장일치로 찬성을 얻어 "누가 지휘할 것인가, 어떤 곡을 할 것인가"에 이르자, "신(申)상이 해야 한다"는 의견이 나왔다. "나는 평생 지휘를 한 적이 한 번도 없었다"고 하자, "지휘가 문제가 아니고 리더십이 문제이니 신(申)상밖에 없다"고 다시 만장일치로 찬성을 하여 결국 합창하자고 제안한 필자가 지휘를 맡게 되었다. 친목행사 약 한 달 전이었던 걸로 기억한다. 시간 날 때마다 한, 두 시간씩 피아노를 치는 치키타상을 집으로 불러 반주해 달라고 하여 일본 노래를 고르고, 그 곡에 맞춰 지휘 연습을 해가며 익혔다. 드디어 협동심 강한 일본인 159명에 필자를 포함한 160명 전원이 유치원 길 건너 구립 공원 광장에 모였다. 몇 곡인지 기억은 잘 나지 않지만 연습한 대로 일본 곡을 무사히 부르고, 한 가지 제안을 했다. 4개 국어로 부를 수 있는 아주 쉬운 노래를 하자고 하여 아래의 곡을 불렀다.

"나는 기쁘다,
 나는 기쁘다,
 나는 기쁘다, 항상 기쁘다."
"私はうれしい、
 私はうれしい、
 私はうれしい、いつもうれしい。"
"I'm so happy,
 I'm so happy,
 I'm so happy, happy all the day."
"我常快乐, wo chang kuai le
 我常快乐, wo chang kuai le
 我常快乐, 常常快乐 wo chang kuai le, chang chang kuai le"

친목 행사 후, "우리가 외국 가서 2년 만에 신(申)상같이 할 수 있을까요?" 라면서 외무성 부인들이 뒤에서 칭찬하며 부러워했다고 오쿠라쇼(大藏省, 현 재무성) H부인이 전했다. 그 외무성 부인은 1984~1986년에 한국 대사관 공보문화원장을 지내고 수년 전 유엔대사를 지낸 HG상 부인이고, 오쿠라쇼 부인은 수년 전 오쿠라쇼 차관을 지낸 H상 부인이다.

아이들이 일본 유치원에서 일본 친구들과 어울려 지내며 느끼고 경험한 것이 아이들의 일본관을 형성하는데 기초가 되었으리라 믿는다. 또한 그 친구와 친구의 가족들을 통해서도 일본인관을 형성하였으리라 믿는다. 1년에 한 번씩 운동회를 겸한 피크닉이 가까운 공원에서 열려 부모들도 참가했다. 학부형들이 거의 관료들이라 거의 같은 직장일 텐데 식사는 모두 가족끼리만 하는걸 보고 다음날 H상에게 물었다. "왜 운동회 날 식사를 동료 가족들과 함께 하지 않는가?" H상, "직장에서 함께 있는데 여기 피크닉 와서까지 그럴 필요가 있는가?"라는 대답을 들으며 우리와 다름을 느꼈다. 이와 같은 행동에서 그들의 공사구분 의식을 느낄 수 있었다.

일본인의 자녀교육 : 버릇들이기

그렇게 2년간의 유치원생활을 무사히 마치고 아이들은 동경 한국 초등학교로 진학했다. 실질적으로 형은 1년, 동생은 2년 유치원을 다닌 셈이다. 큰 아이가 초등학교 올라갈 때 둘째는 아직 유치원 연장반이었다. 당시는 일본 전국에 민단계 초등학교(이후 '한국 학교')가 도쿄 내 한 군데, 오사카에 한 군데 밖에 없었다. 조총련계 학교는 여러 군데 있고, 도쿄도 구마다 하나씩 있었다. 조총련 중고등학교 여학생들은 반드시 흰 저고리에 검정 통치마를 입어 어디서든 알아볼 수 있었다. 우리 가족이 처음 살던 동네도 집 바로 큰 길 건너에 조총련계 학교가 있어서, 아이들 유치원엘 가려면 반드시 그 곳을 지나가게 되어 있었다. 한국 학교가 도쿄에 한 군데 밖에 없으니 많은 학생들이 거의 모두 먼 곳에서 통학하였고, 초등학생은 스쿨버스를 타고 통학했다.

우리가 살던 곳은 세타가야구(世田谷区)라는 주택지가 많은 곳으로 학교에서 조금 떨어진 곳이었다. 아침 8시에 집 근처에서 가장 먼저 아이들을 태운 버스가 도쿄 시내를 돌면서 아이들을 태운 후 9시에 학교에 도착했다. 방과후에는 반대로 3시에 학교에서 출발하여 모든 아이들을 차례로 내려준 후 4시에 집 동네에 도착했다. 처음 1년은 아이들이 고단하여 코피를 잘 흘려 코를 막는 크기의 솜방망이를 미리 만들어 교복 상의 윗주머니에 넣어주고 코피가 나면 얼른 꺼내 막도록 했다.

처음 며칠은 버스 정류장까지 배웅과 마중을 나갔으나, 다행히 정류장에서 집까진 대로가 아닌 동네길이고 형제가 같이 다녀 둘이서 오고 가고했다. 아이들이 돌아오는 시간에 맞춰 현관에서 기다리다 현관 바로 옆 목욕탕으로 데리고 들어가 깨끗이 씻긴 후 집에서 만든

찹쌀 전병이나 경단을 만들어 먹이면 아이들은 시키지 않아도 바로 숙제를 했다. 5시가 되면 부모도 함께 볼 수 있는 만화 중 당시 방영하던 사자에상(さざえさん), 도라에몽(どらえもん), 아톰(アトム), 울트라맨(ウルトラマン), 빨간머리 앤(赤毛のアン), 알프스 소녀 하이디, 주인공과 거의 같은 비중의 라스칼(ラスカル)이라는 애완 너구리가 나오는 가족 만화 등을 함께 보고 6시 정각에 저녁을 먹고 나면 7~8시엔 반드시 잠자리에 드는 새나라 어린이들이었다.

일본인들은 기후가 습한 탓에, 욕조에 몸을 담그고 하는 더운 물 목욕을 즐긴다. 자신의 집에서 목욕을 하는 사람들도 많지만 별로 부담스럽지 않은 금액의 동네 센토(銭湯)로 거의 매일 출근하다시피 하는 사람들도 많은데, 그러다 보면 자연스레 어린아이들을 데리고 오는 젊은 엄마들을 만나곤 한다. 물의 온도는 온천 정도의 고온으로 42℃를 넘겨, 처음에 들어갈 때는 "앗, 뜨거워!" 하는 말이 절로 나올 정도로 뜨겁다. 그러니 어린아이들이 처음엔, "앙!" 하고 울음을 터뜨리려고 하다가, 애기엄마가 소곤소곤 뭐라고 하면 울음을 뚝 그친다. 결코 미끄러운 땅바닥에서 뛰거나 수선을 피우는 애들은 볼 수가 없고 탕 전체가 조용하다. 일본에서 대중탕이나 온천에 목욕하러 갈 때마다 한국의 대중탕, 고급 리조트, 호텔의 대중탕과 비교를 하게 된다. 탕 안에서 이 탕, 저 탕으로 옮겨 다니며 수선 피우는 아이들, 어른 아이 할 것 없이 쓰던 수건과 쓰던 귀후비개를 아무데나 던지고 나가는 사람들, 와글와글 왁자지껄 떠드는 여자들, 신발장에서 본인의 신을 꺼

낸 후 열어놓은 채로 가는 사람들, 수도꼭지를 켜 놓은 채로 이 닦는 사람, 돌아가면서 수도꼭지를 안 잠그고 콸~콸 흐르는 채로 놔두고 가는 사람 등 너무 무질서하고 남에 대한 배려가 없는 사람들이 아직도 한국의 소위 고급호텔 대중탕에서조차 많은 이유는 무엇일까?

하나는 개성이 강한 데서 오는 현상이라 여겨진다. 한 사람, 한 사람의 자아(自我)가 너무 강하여 타인에 대한 배려가 안 되는 것이다. 어려서부터 가정교육이 남에 대한 배려보다는 내 아이 기죽지 않게 키우는 데 주력한 점, 입시 위주의 교육, 한 가정 한, 두 자녀 출산으로 부족하지 않게 자란 점, 급속한 경제 성장으로 인한 자만심 등에서 오는 미성숙에 기인한 것으로 여겨진다. 그러나 무엇보다 중요한 것은, 훈련이 안 된 데에서 오는 현상이라 여겨진다. 즉, 교육도 훈련의 반복인데 입시 위주의 주입식 교육에서 오는 인성 교육의 결핍, 급변하는 경제 성장에 따르는 부작용으로 경제 상태는 70년대 이전에 비해 비교가 안 될 정도로 좋아졌으나 그 변화 속도가 너무 급속하여 미처 인성 훈련이 따르지 못해, 타인에 대한 배려 등이 몸에 배지 않은 점을 들 수 있다고 생각한다.

일본에서도 80년대 말, 어떤 유명 언론인의 교양서에서 요즘 젊은 애기 엄마들은 자녀의 어떤 행동이 남에게 폐가 되니까 하면 안 된다고 교육시키기 보다는 지하철 속에서 옆 자리의 아저씨가 혼내니까 안 된다고 아이를 가르친다고 한탄하는 글을 읽었던 게 기억난다. 그나마 일본의 젊은 애기 엄마들의 행동은 옆 자리의 아저씨에 대해 신경을 쓴 것이라 할 수 있다. 한편 한국에서 사람이 많이 모이는 동네의 원이나 미장원에서 자신의 어린이가 운다고 온 집안 식구가 들어와 아이 달랜다고 빽~빽 소리지르며, 같은 공간에 있는 다른 손님들에 대한 배려가 전혀 없이 마치 그 장소를 전세 낸 것처럼 하는 한국인의 행동에서는 타인에 대한 배려가 전혀 보이지 않는다. 한국이 경제적으로는 부유해졌으나, 이런 작은 부분에서 타인에 대한 배려가 보이지 않는 한 아직 경제 성장만 가지고 선진국이라 하기는 좀 이른 감이 든다.

　일본인들이 가장 신경 쓰는 점은 '남이 어떻게 생각할까'하는 것으로 그들은 늘 세상 사람들의 눈(世間の目)을 의식하며 긴장하고 산다. 예를 들어 일본의 지하철 안 풍경을 보면, 일본인들은 지하철 안의 '타인에게 폐가 되는 휴대폰 사용을 금지, 전화는 진동 상태로'라는 안내문의 내용을 철저히 지킨다는 것을 느낄 수 있다. 수년간의 일본 체재기간 동안 필자는 사람들이 많은 지하철 안에서 전화하는 사람을 본 적이 없었다. 아마도 전화를 하는 사람이 있다면 타인의 눈을 의식하지 않을 정도로 상당한 배짱을 갖고 있는 사람이거나 무신경한 사람일 것이다. 또한 일본인들이 가장 부끄럽게 생각하는 것이 'ずうずうしい(염치없다)'[①]라고 남에게 보이거나 판단되는 것으로, 어려서부터

[①] 図図(ずうずう)しい　岩波(いわなみ)(1985) 사전에 의하면 '恥(はじ)を恥(はじ)と思(おも)わない, 즉 부끄러움을 부끄러움으로 생각하지 않음, あつかましい - 염치없다'의 의미.

'貸し借り(주고 받는 것)' 훈련을 통해 남에게 폐를 안 끼치려고, 빚을 안 지려고 조심하는 교육을 시킨다. 물론 어느 사회건 개인차가 있어서 염치없는 일본인도 많이 있지만, 한국인에 비해 비교적 세심하게 배려하는 사람이 많다고 할 수 있다. 한국에 KTX가 처음 운행된 지 얼마 안 되었을 때 KTX를 탄 적이 있다. 어떤 젊은 여성이 대구에서 타더니 계속해서 여러 명의 지인들에게 전화를 걸고는 "나 지금 KTX 안인데, 엄청 빨라……" 하며 거의 1시간 이상 계속 통화를 하였다. 문제는 본인도 무신경했지만, 역무원도 제재를 하지 않았다는 점이다. 일본에서 만약 이 여성 같은 매너 없는 사람이 기차나 지하철 속에서 큰 소리로 전화를 하면 당장 역무원이 제재를 하든가 주위 사람들이 무언의 압박을 가했으리라 짐작한다. 역시 KTX가 개통되고 그리 오래되지 않았을 때, 나주에서 서울행을 탄 적이 있다. 그 전 역에서 탄 두 부부, 즉 4명의 중년 남녀가 막걸리를 병째로, 김치를 플라스틱 용기 채로 열어놓고 먹고 마시고 있었다. 이미 얼굴은 벌겋게 취한 상태로 너무 냄새가 강하고 시끄러워 지나가는 역무원에게 말하니, 그 역무원은 앞자리에 앉은 그 그룹에게 가더니, "기차 안에서 남에게 폐가 되는 행동은 삼가 주세요"가 아니고, "뒤에 앉은 손님들이 냄새난대요"라 하였다. 그 일행은, "김치 냄새가 싫으면 한국인이 아니지 않나?"하며 전혀 김치통도 닫지 않은 채로 서울 가까이까지 온 적이 있다.

그 일행들은 나이는 어른일지라도 남에 대한 배려에 대해 훈련이나 교육을 전혀 받지 못한 탓에 미성숙한 채로 어른이 된 것이다. 문제는 이런 행동에 대해 한국인들은 눈살만 찌푸리고 참아버리거나, 전혀 개의치 않는다는 점이다. 이러한 태도는 남에게 관대하다기보다는 본인들도 다른 곳에서 그렇게 행동할 수 있는 여지가 얼마든지 있다는 것을 보여준다고 할 수 있다.

각 가정에서 담당해야 할 자녀 버릇들이기가 잘 안 된다면 어디서, 누가 해야 할까?

인사성 바른 일본인

申(2004, 2005) 연구에서 한국과 일본인 304명을 대상으로 한 조사결과, 한국인들은 일본인의 장점으로 타인에 대한 배려, 친절, 인사성 바름 등을 들고 있다. 한국인이 작은 친절을 베풀고 나서 베푼 쪽에서는 잊어버려도 며칠 후 만난 일본인은 반드시, "요전에는 감사했습니다(先日はありがとうございました)"와 같이 감사인사를 잊지 않는다. 오히려 베푼 한국인 쪽은, "내가 뭘 해주었지?"하는 식으로 생각하곤 한다. 집에 초대를 한 경우는 물론이고, 선물을 하거나 명절 선물을 배달시켰을 경우에도 물론 감사장(お礼状)이 날아오며, 가장 대표적인 경우는 결혼식, 장례식, 병문안, 아기 출산 문안 등으로, 보낸 선물의 금액이나 돈의 액수의 대략 1/3에 해당하는 답례품과 감사장이 어김없이 날아온다.

그러나 보낸 사람과 받는 사람간의 친근함이나 응당성에 비해 선물의 금액이 지나치게 부담스러운 경우, 받은 사람은 정색을 하고 "왜 이런 걸 주느냐"며 당황스러워 한다.

   아침에 같은 아파트에 사는 사람들끼리 복도나 엘리베이터 속에서 우연히 만날 경우, 서로 이름이나 몇 층, 몇 호에 사는지 몰라도 가벼운 목례와 함께 아침 인사, "おはようございます"를 하며 인사 교환을 한다. 아는 사람에게만 인사를 하는 한국의 예와는 대조적이다. 여기서 정형화된 인사말이 발달한 예로 때와 장소에 맞게 인사하는 인사법을 하나 보기로 하자. 병원이나 약국에서 모든 의사, 약사, 간호사, 수위실의 수위는 예외 없이 병원이나 약국을 나가는 환자에게 "몸조리 잘하세요"에 해당하는 표현인 "お大事に"라고 하며 인사한다.

   이렇게 겉으로 표현하며 드러내는 인사 외에도 일본인의 배려를 보면 반듯함과 섬세함을 느끼곤 한다. 아무리 가까운 지인의 경우에도 일부러 초대한 경우가 아니고, 볼일이 있어서 들렸다가 저녁식사 때가 될 경우, 주인이 식사하고 가라고 권해도 사양하는 모습에서 사양하는 측의 배려를 느낀다. 두 사람의 친밀함의 정도, 연령, 출신지방에 따른 차이는 보이나, 주인에게 드러내지 않고 표하는 배려, 즉 드러내지 않는 은은한 배려를 가리키는 'さりげなさ'[2]가 상쾌하게 보인다. 물론 상황에 따라 함께 먹어주는 게 주인에게 위로가 되는 경우도 있으나,

---

[2] さりげなさ   공치사 같은 언행이나 태도를 드러내지 않는 무언의 배려

상황을 판단하여 적합한 행동을 선택하는 것 또한 배려에서 나온다고 믿는다.

한국의 경우, 물론 시대의 변화, 지방, 세대에 따라 차이가 보이나 일부러 초대하지 않은 경우에도 식사시간이 되었을 경우, 주인이 식사를 권유하는 데 있어서 일본과 큰 차이가 보인다. 한국은 일본에 비해 정형화된 표현과 다테마에(겉으로 드러내어 표현하는 일종의 원칙)에 익숙하지 않고, 진심으로 함께 식사하기를 원하느냐 아니냐가 비교적 명확하게 표현된다는 것이다.

물질의 임차관계(賃借관계)③에서도 배려가 보인다. 빌려주고 빌리는 것을 싫어하는 일본인에게도 개인차가 보이긴 하나, 예를 들어 돈을 빌리는 경우, 만약 함께 학교 식당에 갔을 때 지갑을 깜빡 잊고 가져오지 않은 동료가 함께 간 동료에게 점심값 정도의 아주 작은 금액을 빌리는 일은 있어도 집 전세금, 사업자금 등을 친구, 지인, 형제, 친척에게 빌리는 일은 거의 안 보인다.(申, 2006) 이와 대조적으로 한국인은 큰 금액의 전세금이나 사업자금을 부모, 형제, 친구, 친척, 지인으로부터 빌리는 경우가 많이 보인다. 그 이유로는 한국인이 일본인

---

③ **貸借관계** 직역하면 빌려주고 빌리는 관계를 뜻한다. 일본인들은 '貸借관계'에 대해 민감하여 빚지고는 못 살며, 만약 갚지 못하면 과거에는 '村8부'라 하여 왕따를 당할 정도로 중요한 관념이다. 예를 들어 한국에서도 지인의 결혼식, 장례식에 참석하거나 아기 출산 축하, 병문안을 다녀오면 그에 대한 답례를 반드시 받는 것은 아니며, 준 쪽도 받은 쪽도 다음에 그런 기회에 자연스레 갚으면 된다는 의식이 일반적이다. 그러나 일본에서는 반드시 받은 금액, 물건 값의 대략 1/3에 해당하는 답례품이 감사장(お礼状)과 함께 배달되어 온다.

보다 혈족간, 친족간의 경계선이 엷은 점을 들 수 있으며, 넓게 적용시키면 나와 남과의 경계선이 엷은 점과 公과 私의 구별이 명확하지 않기 때문이라고도 해석할 수 있다.

또 한 가지의 이유로는 일본인의 의식 중 특징적으로 존재하는 內와 外 구분을 들 수 있다. 일본인들은 가족과 남, 같은 조직 안과 밖의 구분을 명확히 하며 언어 표현에서도 그 의식은 뚜렷이 나타난다. 즉 가족끼리는 부모께도 비경어를 사용하고, 남에게 자신의 가족에 대한 이야기를 할 때에는 나보다 서열이 높은 부모의 일도 비경어로 표현한다. 확대 적용하여 같은 회사에서도 회사 밖의 사람에게 회사 안의 사람을 화제로 할 때는 비록 상사에 관한 일이라도 비경어를 사용한다. 이와 같이 조직 속과 밖의 구별은 일본인에게는 나와 남을 구별짓는 중요한 요인이 된다.

그러나 일본에서도 시대에 따른 변화가 보인다. 최근처럼 휴대폰 사용이 일반화되기 전의 일인데, 대학 도서관에 공중전화 부스가 두 개뿐인 곳에서 밖에 사람이 차례를 기다리는데도 긴 전화를 하는 젊은이들이 늘고 있는 것을 느낄 수 있었다. 마찬가지로 한국도 젊은 세대에게서 상하 의식이 현저하게 희박해져 가는 것을 볼 수 있다.

상하관계가 종래에 비해 느슨해진 현대에도 한국에서는 선생님이나 웃어른이 주는 물건을 한 손으로 받는 학생은 거의 없다. 손위 어른들과 술을 마실 때 얼굴과 술잔을 모로 돌려 상대 어른의 정면을 바라보지 않고 마시는 등의 예법을 일본인들은 부러워한다. 도덕이나 윤리

의식이 약화된 현대에도 유교가 한국인의 생활규범인 것과는 대조적으로 일본에서는 거의 잊혀진 지 오래다.

일본의 현대교육과 자녀교육

일본에서도 70년~80년대에 걸쳐 공교육의 황폐로 인한 학교 교육의 문제점과 이지메(왕따 시키고 괴롭히는)가 사회 문제화 되기 시작했다. 입시 전쟁 등의 원인으로 교내 폭력, 이지메, 등교 거부 등의 심각한 사회 문제가 초등, 중등 교육에 큰 타격을 주었다. 아이들의 생활에 여유(ゆとり)를 주자고 하여 주입식 지식 중시 교육에서 탈피하여 경험 중시 형의 교육인 여유 교육(ゆとり教育)이 제창되어 2002년부터 시작되었다. 또한 80년대 말~90년 초기부터 대학 개혁이 시작될 정도로 일본 사회, 일본 대학 담당자 모두 교육의 문제점을 인식하고 있다. 80년대까지만 해도 일본은 70년대 일본 경제 고도성장기의 베이비붐의 영향으로 학령기 자녀들이 급증하여 유치원 들어갈 때부터 극심한 경쟁을 겪었다.

특히 대학 입학을 염두에 두고 일류 대학의 부설 유치원에 입학하기 위해 벌써 중요한 과목을 가르치는 유명 과외 학원에 다니고, 거기에서도 뒤쳐지지 않기 위해 집에 가정교사를 부르는 등, 치열한 경쟁 속에서 어린이와 그 부모(주로 어머니)들은 마음 고생과 금전적인 어려움을 겪었고 심지어 그러한 사회 현상을 보여주는 TV 드라마도 인기리에 방영되곤 했다. 특히 경쟁이 심한 사립 유치원에 들어가기 위해 부모가 순서 번호를 받으려고 밤새 줄을 서서 기다리기도 했다.

그러다 학생들에게 유도리(ゆとり)교육이 필요하다고 하여 2002년부터 토요일 수업을 없앴으나 그 결과는 학생들의 전체적인 학력저하였다. 그리하여 문부과학성은 2008년부터 개정안을 발표하여 수업시간 연장을 결정하고, 이제는 탈유도리(脫ゆとり)교육으로 가고 있다. 현재 한국도 일본처럼 하향평준화의 결과로 많은 부작용과 역기능이 나타나고 있다. 한국에서도 교육학 전문가가 수 없이, 지속해서 배출되는데도 교육 문제는 여전히 당사자인 학생은 물론이고 학부모, 정부, 모두의 고민거리인 것은 무엇 때문일까?

일본의 학교 교육제도는 초, 중, 고, 대학교 모두 한국과 마찬가지인 6, 3, 3, 4년제로 일본과 한국의 다른 점 중 하나는 대학 진학률이 일본은 대학, 전문대(2년제)를 합해 56.2%, 거기에 직업 교육과 전문적 기술교육을 하는 전수학교 진학률 14.7%까지 다 합해도 대학 진학률이 70.1% 정도라는 것이다. 이에 비해 한국은 대학 진학률이 2008년에 83.8%로 세계 제1의 진학률을 보이고 있다. 일본에서는 초등, 중학교까지는 의무 교육으로 무상으로 교육하며, 교과서는 무상이나 초등학교 급식비는 자기 부담이다. 2010년 4월부터 공립 고등학교 수업료만 소득 제한, 구별 없이 무상화 되었다. 교육 형태별로는 정시제 교육과 통신 교육, 방송 교육 등이 있다. 통신 교육에는 대학, 사회

통신 교육 등이 있고, 대학 통신 교육에는 인터넷, 컴퓨터 네트워크 교육과 더불어 학점 취득을 위해 일정기간 동안 실제로 수업에 참가할 것을 의무화 한 대학도 많다. 일반인들에게 대학 교육의 문호를 넓혀 공개강좌나 학외 강좌 등을 실시하는 대학도 있다. 통신 교육은 TV나 라디오를 활용한 고등학교나 방송대학도 포함한다.(文部科学省, 2010)

　일본의 교육제도의 특징과 한국과의 차이는 대략 위와 같으며, 다음으로 여성들의 고등 교육에 대한 의식의 차이에 대해 소개하기로 한다. 이미 살펴본 바와 같이 한국의 대학 진학률(83.8%)은 세계에서 예를 보기 힘들 정도로 높은 진학률을 보이며 일본은 70.1%로 한국과 큰 차이를 보이고 있다. 이전에도 여성들은 가정 경제 사정이 윤택한 데도 불구하고 2년제 단기대학(短大)을 나와 신부 수업으로 다도나 꽃꽂이, 요리를 배워 결혼을 준비하는 예가 그리 드물지 않을 정도로 많이 보였다. 결코 남성(아들)과 차별해서가 아니고, 인생관의 차이라고 할까, 특별히 커리어를 목표로 하지 않는 한 신부 수업을 더 중시했던 것이라 할 수 있다. 물론 시대에 따른 변화도 보이나, 대학 진학률만 보아도 한국과의 차이를 나타내고 있다.

　한편 한국에서는, 조선시대 이래 과거 급제를 통해 신분상승을 꾀하고 문인을 숭상하던 상승 지향 열망이 21세기에도 여전하고, 극심한 사회 경쟁, 특히 1~2명의 자녀밖에 안 두는 현실에서 여성들도 남성들 못지 않게 높은 대학 진학률(남성 84%, 여성 83.5%)을 보이는 것은 물론이고, 국가시험 합격률에서도 여성이 남성을 수년째 앞서고 있다. (표1, 표2)

표1   남녀 대학 진학률

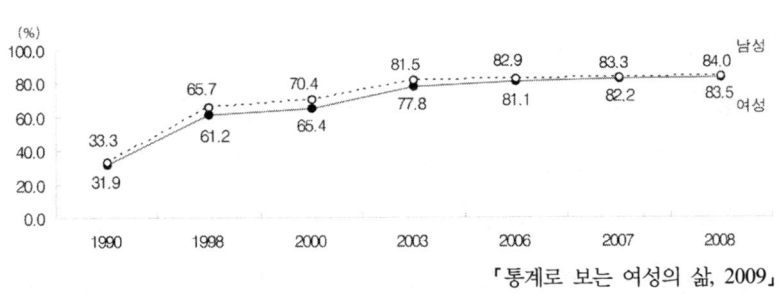

「통계로 보는 여성의 삶, 2009」

표2   공무원 채용시험 여성합격자 비율(2008)

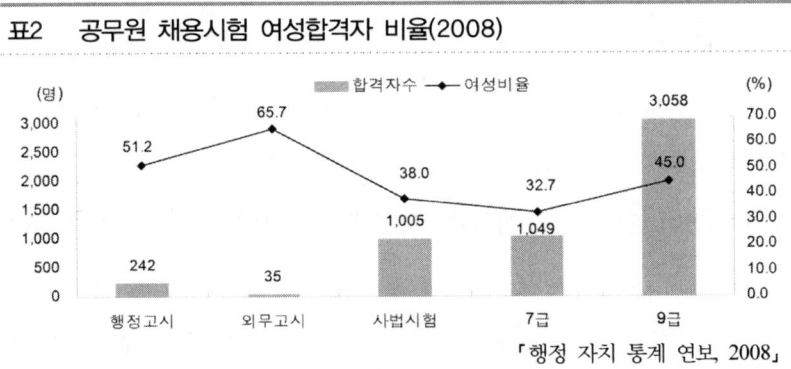

「행정 자치 통계 연보, 2008」

아직도 사회 곳곳에 남녀차별도 잔존하고 있음을 지적하지 않을 수 없으나, 시간이 흐르면 변화하지 않을까 예상한다. 최근 수년 째 인성 교육의 중요성이 대두되고 있는 것은 늦은 감은 있지만 지금이라도 관심을 갖고 주력해야 할 교육의 핵심이며 한국 교육의 나아갈 길이라고 믿는다.

　일본에 가서 살면서 한국과 다르다고 느낀 것은 의식의 차이, 삶의 방식의 차이, 사회구조의 차이로 이를 포괄적으로 표현하여 문화의 차이라고 할 수 있다. 16세기부터 일찍이 서양의 문물을 받아들인 일본인에게서는 한국과 비교하여 서구화된 의식이 많이 보인다. 일본에서는 대학을 졸업하여 대학원을 다니거나 직장 생활을 할 경우, 부모가 지방이 아니고 도쿄에 사는 경우에도, 독립하여 따로 사는 경우가 흔하게 보인다. 한편 한국에서는 미혼인 경우 경제적 독립이 가능한데도 불구하고 30대 후반, 40대 이후에도 아들, 딸 상관없이 부모와 함께 사는 경우가 많은데 이점에서도 일본은 서구화 되었다고 볼 수 있다.

　또 결혼 연령 및 풍습에서도 두 나라는 많이 다르다. 일본에서는 이혼하거나 배우자와 사별하는 경우, 여성이 전 남편과의 사이에 낳은 아이들을 데리고 자신보다 나이도 어린 독신 남성과 결혼하는 예를 70년대에도 이미 드물지 않게 볼 수 있었다. 70년대까지도 당시 한국에서는 상처한 50대 남자라도 20대 여성과 재혼하길 원하던 시대였기에 일본의 결혼 풍습이 상당히 서구화된 것으로 신선하게까지 느껴졌다. 그러나 지금은 한국도 배우자와 헤어진 후 여성이 본인의 자녀들을 데리고 연하의 독신 남성과 결혼하는 예가 별로 신기하지도, 드물지도 않아지고 있다. 그 단적인 예는 10여년 전까지만 해도 결혼했던 여성이 자녀를 데리고 초혼인 남성과 결혼하게 될 경우, 남성 쪽의 부모들이 맹렬하게 반대하는 내용의 TV드라마가 화제를 불러 일으켰으나, 이젠 그런 내용이 조금도 신기하지 않을 정도로 흔해졌다. 일본인들이 서양문화의 영향으로 일찍이 서구화된 의식을 지니게 되었고, 한일 양국이 인접해 있는 지리적 여건 상 빈번한 왕래와 소통이 이루어진 결과, 그러한 일본문화가 자연스레 유입되어 한국에서도 유사한 현상이 나타나게 된 것이다. 이는 한일 두 문화의 밀접한 관계를 보여주는 예라고 할 수 있다.

그러면 왜 한국에서는 결혼 전의 자녀가 30대, 40대에도 부모와 독립하지 않고 사는 경우가 많을까? 한 가지 원인은 유교의 영향이라 볼 수 있다. 즉 부모, 자식간의 관계가 일본에 비해 끈끈하다는 점이다. 자녀가 결혼할 때 살 집을 마련해 주고, 대학원 학비도 유학자금도 대 주고, 사업자금도 대주는 부모가 한국에서는 조금도 신기하지 않을 정도로 흔하지만, 일본에서는 거의 볼 수 없다. 한국의 자녀는 부모로부터 독립하지 못하고, 부모도 자식을 떠나보내지 못하는 것이다. 이런 부모자식 간의 관계는 외국 여러 나라에 가서 공부하는 학생들 사이에서도 한국의 특징으로 비추어진다고 한다. 부모가 유학 간 자녀를 찾아가 오래 머무르며 함께 지내는 경우를 일본인 부모의 경우에는 잘 볼 수 없는데 비해, 한국 부모에게서는 흔히 볼 수 있다.

이렇게 두 나라 문화가 유사한 것 같으면서도 다른 것은 넓게는 유교의 영향, 반도와 섬나라라는 환경의 영향, 서구 문물을 언제 받아들였는가에 따른 서구화의 영향의 차이 등에 있다고 볼 수 있다. 이렇게 상이한 환경 속에서도 사람들의 빈번한 왕래를 통한 문화 유입과 전파에 따른 영향으로 많은 부분에서 양국의 문화와 사고방식이 유사해지고 있는 모습도 동시에 보인다고 할 수 있다.

경제대국 일본과 가정교육

수년 전부터 국제화의 일환으로 도쿄 같은 대도시 지하철역은 물론이고 지방도시의 기차역까지 역 이름이나 안내판이 4개 국어(일, 영, 중, 한)로 표기되어있다. 최근 수년간에는 한류 열풍의 영향도 한 몫 하여, 특히 백화점에서는 한국어 방송이 나올 정도로 상업에 능하고 실리에 밝은 일본인들의 발 빠른 움직임도 보인다.

1980년대부터 땅값이 폭등하고 경기가 부흥하여 가구당 저축은 많으나 소비는 안 한다고 미국이 일본에게 소비를 증진시키라 하여 총리가 국민들에게 소비를 장려하는 연설을 할 정도로 일본이 경제적으로 자신감을 가진 때가 있었다. 엔화 가치가 높아져 일본인들은 해외 여행가서도 대접 받고 하던 시대다. 뉴욕, 하와이 등에 부동산을 사놓은 기업들도 많았다. 그런데 90년대부터 꺼지기 시작한 버블(거품경제)로 인해 현재까지도 일본은 장기적인 경제적 침체에서 허덕이게 되는 지경에까지 이르렀다. 그 영향으로 80년도 고도성장기에 가계 저축률이 평균 18%를 자랑하던 일본인의 저축률이 상당히 낮아진 것

(2008년 일본 가계 저축률 1%)을 볼 수 있다.(Goldman Sachs, 2009)

　　80년대 초까지 일본 대학생들은 대학원 진학할 학생들만 공부한다고 할 정도로 일본 시장은 求人시장이었다. 4학년 때부터 여러 기업마다 서로 졸업예정자들을 미리 뽑아가려고 하여 곡식이 익기 전 뽑는 것에 비유하여 '아오타가이(青田買い = 대학 졸업하기 전에 사원으로 채용하는 약속)'라는 말까지 생기고, 여름 방학 후 일제히 뽑아가는 기업들의 약속을 解禁이라고 했다. 그러다 80년대 말부터 조금씩 구직시장으로 바뀔 정도로 경제가 침체되기 시작했으나, 그 전까지는 대학 나오면 직장은 문제없이 갈 수 있었던 시대가 있었다. 그러던 것이 최근 수년 동안, 대학 졸업시의 취업률이 약 58%(정규직 기준)로 80년대와는 비교가 안 될 정도로 낮아졌다.(文部科学省, 2005) 또 다른 조사에 의하면 거의 95~96%인데, 이렇게 다른 것은 후자의 경우에는 비정규직까지 포함한 비율로 짐작된다. 일본에서는 취직이 안 되기 때문에 아르바이트를 하는 경우도 있으나, 아르바이트를 하는 쪽이 편하다고 하여 처음부터 그쪽을 선택하는 경우도 있다. 현재의 아르바이트 직에서 어느 정도의 수입을 얻어, 최소한의 생활을 유지할 수 있으면 다른 아르바이트를 찾아 이동하는, 즉 일정한 직장이 없이 아르바이트로 생활을 영위하는 '후리타[4]'가 유행한지 오래되었다. 그들에게서는 특별히 생의 목표의식이라든가 상승욕구는 전혀 찾아볼 수

---

[4] 후리타(フリーター) : 프리(free) 아르바이터의 줄임말로, 일본식 조어.

가 없고, 그냥 편하게 일하고 최소한의 생활을 영위하는 데에 대하여 아무런 불만도 가지지 않는 그들은 일본 내에서 특별한 사회그룹을 형성하고 있다.

90년대 이후「글로벌라이제이션(세계화)」은 한국사회의 화두가 되어왔고, 2009년 현재, 이제 그 화두는 너무나 당연하여 새삼스레 입에 올리는 일은 드물어졌다. 한국은 90년대에 IT개발과 투자를 시작하여 세계의 Sony를 석권하는, 그 누구도 예상하지 못했던 일을 해내어 IT강국으로 자리매김한지도 이미 오래되었다.

이러한 국제환경에서 세계경제는 상호 영향을 주며 복잡하게 맞물려 독자생존이란 단어는 死語에 가까워지고 있다. 2008년에 미국에서 시작된 서브프라임 모기지 파동은 전 세계경제에 타격을 주었고, 한국 또한 그 영향에서 자유롭지 못한 시간을 보내고 있다.

이전의 일본이라 하면 무엇 하나를 만들어도 야무지게 만들고, 끝마무리를 깔끔하게 하고, 약속과 신의를 잘 지키며 책임감이 강해서 물건 하나를 사도 'Made in Japan'이라고 쓰여 있는 물건을 믿고 사던 시절을 생각하면 최근 수년간의 일본기업의 실패가 언뜻 이해가 안 간다. 최근 수년간 후지야(不二家)에서 중국 수입만두를 일본 제품이라고 팔다 발각된 사건, 유통기간을 넘긴 식품을 팔다 발각된 사건, 렉서스 차가 미국에서 대량 리콜된 사건 등을 보면서 그 원인을 살펴보려고 한다.(진창수, 2009 참조)

① 구조적인 요인

우선 렉서스 리콜 사태를 살펴보자. 도요타는 글로벌화를 하면서 일본 국내의 계열회사를 미국과 전세계로 이전하지 않으면 안 되게 되었다. 일본 국내의 도요타의 계열회사들은 도요타와의 장기적 거래에서 이익을 취하고 있다고 할 수 있기 때문에 도요타와 함께 공정에 참여하고, 불황에는 가격 하락까지도 감수한다.

그렇지만, 미국의 계열회사는 일본의 계열회사와는 달리 단지 계약(가격)만으로 물건을 사고파는 비즈니스를 하고 있을 따름이다. 따라서 미국의 도요타 계열회사는 일본국내의 계열회사와 달리 장기적인 계약관계보다는 단기적인 이익에 따라 대응을 하고 있다.

따라서 도요타의 과도한 요구가 있을 경우 미국의 계열회사는 불평을 가져 최선을 다하지 않는다든지 하여, 도요타의 요구를 잘 지키지 못하는 경우가 생기기도 한다. 즉 이번의 도요타 리콜 사태는 도요타가 기업을 글로벌화하는 과정에서 나타난 도요타와 계열회사간의 이완현상이며, 이는 일본형 시스템의 세계화에 따른 문제라고 말할 수 있다.

둘째로 후지야의 문제를 살펴보자. 1991년 이후 일본이 장기불황에 빠지면서 일본 기업의 모노츠쿠리(장인정신)는 기업의 수지 타산에 문제를 가져왔다. 즉 좋은 물건만 만들면 소비가 되는 것이 아니라, 불황 속에서 가격경쟁력의 문제가 대두되게 되어, 이제는 좋은 물건을 싸게 공급하지 않으면 소비가 되지 않는 상황에 봉착하게 되었다. 따라서 장기불황 속에서 일본 기업의 재무구조가 나빠지면서 이전에는 없었던 문제와 불황에 따른 도덕적 해이가 발생하고 있으며, 일본인들의 의식과 태도에서 또한 변화가 나타나게 되었다. 예를 들면 이전의 회사에 대한 충성심은 없어지고, 신뢰를 생명으로 하는 도덕적인 의식도 점차 약화되게 되었다. 따라서 기업의 태도도 장기적인 이익을 생각하는 정신에서 단기적인 이익을 우선시하는 경향이 나타나고, 더 나아가서는 소비자를 속이는 현상까지 나타나게 되었다.

② 대응에 대한 안이한 태도(정책적인 실수)

이번 도요타 사태는, 도요타가 처음부터 투명하게 실수를 인정하고 이에 대한 대응을 하였다면 이처럼 사태가 심각해지지 않았을 것이다. 하지만 도요타가 책임을 계열회사에 전가하고 무책임하게 계속 사실을 은폐하려 하려 했기 때문에 사태가 악화되었다고 보아야 할 것이다.

즉 모든 것을 투명하게 밝히는 과정을 중시하기보다는 최고의 기업이라는 프라이드 아래 문제를 은폐하고자 했던 도요타의 안이한 대처능력이 문제였다고 할 수 있다.(진창수, 2009)

문화면에서도 유사점을 볼 수 있다. 한국인들이 유행과 패션에 민감한 덕에 한국은 지난 수년간 세계적 명품들이 많이 팔리는 나라 중 하나로 꼽히고, 노벨 문학 작품을 수상하는 작품들은 수개월도 되지 않아 한국의 다수 출판사에서 앞다투어 출판되고 있다. 또한 사교육비의 부담과 영어교육의 열풍으로 초등학교 이상 유학생들의 수도 지난 수년간 급증하고 있다. 그리고 각 대학마다 해외 대학과의 교환 유학 제도가 있고, 여러 나라의 대학들과 협정을 맺고 있다. 그러나 한국보다 소위 선진국의 언어로 불리는 영어나 일본어를 공부하러 가는 한국 학생의 수가 해당국가에서 한국으로 오는 학생 수보다 많아 진정한 의미의 교환, 즉 동일한 수의 학생 교환에는 어려움이 있다. 일본의 대학 담당자들에게 들은 바로는, 일본 역시 영어권으로 나가려는 학생수가 영어권에서 일본으로 들어오는 수보다 많아 어려움을 겪고 있음을 알 수 있다.

단적으로 표현하여 '강물은 위에서 아래로 흐르지, 아래에서 위로 흐르지는 않는다'라고 할 수 있지 않을까? 역사상 어느 나라나 앞서가는 문화나 문명을 모방하고 배우면서 발전해오지 않았는가? 그래서 필자가 늘 매 학기 변함없이 학생들에게 강조하는 말은 "여러분들이 실력을 키워서, 여러분 세대가 주역이 되어 이 사회를 이끌고 나갈 시대를 준비하라"이다.

1991년은 일본의 거품경제의 해로 이후 20년간 장기불황이 계속되고 있다. 2000년 이후 한때 조금은 경제가 회복된 때도 있었으나 지금까지 장기적으로 불황이 지속되고 있는 것은 세계적인 경제불황의 여파와 세계 경제의 복합적 요소가 서로 맞물려 일어난 현상이다. 때문에 그 자세한 내용은 문화를 주테마로 하는 본서에서 다루기엔 적합하지 않다고 판단하여 여기서는 교육과 관련된 부분만 논하기로 한다. 다음으로는 1991년까지 세계 경제대국 2위를 차지하던 일본이 2009 GDP순위에서 미국, 중국에 이어 3위가 된 원인을 일본 국민, 그 중에서도 특히 젊은이들의 목적의식이 희박한 점에서 찾고, 또 그렇게 된 원인을 살펴보고자 한다.(표3)

표3   한·일·미 2010년 경제지표 비교

	한국	일본	미국
GDP (in USD billions)	1,436	4,268	14,800
실업률(%) (실업인구/총노동인구)	3,500	5,078	9,412
국민 총 저축률(%) (GDP 대비)		22,664	12,190

IMF, 2010

GDP 랭킹 (in USD billions)

1991	2009
미국	미국 (114,256)
일본	중국 (8,765)
독일	일본 (4,159)
프랑스	인도 (3,526)
이탈리아	독일 (2,806)

IMF, 2010

표3과 같이 일본은 한국에 비해 높은 실업률을 보이고 있다. 오랫동안 세계경제 2위를 차지해 온 일본의 젊은이들은 원하는 것은 무엇이나 가질 수 있을 정도로 유복하게 자란데다 역사적으로 전쟁이나 다른 나라의 통치를 받는 것과 같은 고난의 경험이 없었다. 또한 오랜 경제불황으로 인해 정규직 취업이 어려운 점과 같은 여러가지 요인들이 복합적으로 작용하여 일본 젊은이들은 헝그리 정신이 희박하고, 뚜렷한 목적의식을 가지고 있지 않은 결과를 낳았다고 판단할 수 있다.

그러면 그렇게 된 주원인은 어디에서 기인한 것일까? 부모의 교육이 '和を成して貴しと成す(조화를 이루어 귀하게 된다)[5]'에 중점을 두고 있으며, 남을 밟고 경쟁에서 이기기보다는 타인과의 조화에 중점을 두고 있는 경향도 경쟁심보다 조화를 추구하는 결과를 낳았다고 생각한다. 한 가지 예로, 일본과 대조적으로 한국은 경쟁이 심한 사회로 자녀교육에서도 '남에게 이겨야 한다. 1등을 해야 한다. 금메달을 따야 한다'는 식의 경쟁심 유발과 승리 추구를 강조한다. 그 결과, 자원도 거의 없고 좁은 국토면적과 과밀한 인구밀도에도 불구하고 월드컵 4강이나 피겨스케이트 금메달 획득 등을 이루어냈지만, 부작용 또한 크다고 생각한다. 지난 2010년 1월 캐나다 밴쿠버에서 개최된 동계올림픽에서 라이벌 관계였던 김연아와 아사다 마오의 인터뷰 내용에서도 게임에 임하는 두 사람의 마음가짐과 각오의 차이가 드러난다.

---

[5] 以和爲貴　聖德太子의 말

인터뷰 시 아사다 마오가 "열심히 연습한 것을 최대한 발휘하는 것에 만족한다"는 자세를 보인 것과 대조적으로 김연아는 "꼭 금메달을 따려고 한다"고 말하였다. 인터뷰에 나타난 두 선수의 이러한 차이에서 한국에서 TV 인터뷰를 본 필자의 일본인 지인은 김연아가 메달을 획득할 것이라고 예상했다고 한다. 이전에는 일본 선수가 우세했던 부분인 겨울 스포츠에서의 한국의 우세와 승리, 특히 국내 연습장도 제대로 없이 고행에 가까운 준비 끝에 선전한 종목에서의 승리는 역시 헝그리 정신과 뚜렷한 목표의식의 결과라고 여겨진다. 어려운 세계 경제 환경 속에서도 나름대로 앞으로 나아가고 있는 것도 경제발전의 주체인 국민이 있기 때문이며, 바로 그 국민의 야루키(やる気)[6]를 일으키는 주요인 중 하나가 자녀교육이라고 할 수 있지 않을까?

　현재 일본의 국영방송인 NHK에서 '료마전(龍馬伝)'이라는 사극이 방영되고 있다. 이 사극이 인기리에 방영되는 이유와 료마라는 인물이 현대의 일본인들에게 영웅시 되는 이유는 어디에 있나? 사카모토 료마(坂本龍馬)라는 인물은 코우치(高知)현의 도사(土佐)지방 출신의 사무라이로 젊은 나이에 일본의 개혁을 꿈꾸었다. 그는 도쿠가와 요시노부(德川慶喜) 쇼군(将軍)을 설득하여 막부의 통치권을 천황에게 돌려주어 메이지유신(明治維新)을 이끌어 낸 인물로, 메이지 유신이 성공하는 것을 못 보고 33세의 나이에 암살되었다. 일본인들이 료

---

[6] やる気　motivation을 뜻하는 말로 '도전정신' 또는 '목표의식'으로 해석할 수 있다.

마에게 끌리고 그를 영웅시하는 이유는 그와 같이 젊은 나이에 나라의 개혁을 꿈꿀 정도로 크게, 멀리 보는 인물을 오늘날의 일본에서 찾기 힘들다는 이유도 있다고 생각한다.

특히 야루키가 부족한 현대 일본의 젊은이들에게 개혁정신과 카리스마, 그리고 리더십을 지닌 사카모토 료마가 영웅시 되는 것은 충분히 이해할 수 있다. 필자가 근무하는 대학의 학생들도 자유주제로 발표하게 되어있는 문화 특강에서 료마를 발표 주제로 선택할 정도로 역시 높은 관심을 보이고 있다.

3

현대 일본을 만든 원동력 :
의식구조

이 해 할 수 록 잘 보 이 는 일 본

현대 일본을 만든 원동력 :
의식구조

혼네(本音)와 다테마에(建前)

한 나라 사람들의 의식을 설명하는 일은 하나의 잣대나 기준으로 설명하거나 평가할 수 있을 정도로 단순하지만은 않으며, 그 나라 문화의 여러 요인이 상호 관련되어 있다. 일본인의 의식을 설명하는 것 역시 한 마디로 표현할 수는 없으며 다각적인 접근 방식을 취해야 할 것이다. 일본인의 의식을 특징짓는 키워드 중 가장 대표적인 것으로 다음 두 가지를 들 수 있다. 즉 '다테마에'와 '혼네'로, '다테마에'는 겉으로 내세우는 명분을 일컫는 말이고, '혼네'는 숨겨진 속마음이라 할 수 있다.

'다테마에'는 화자와 청자간의 관계를 유지하고 상호간의 체면을 지키기 위해, 상대방에게 듣기 좋은 말로 표현하는 것을 일컫는다. 만약 솔직하게 이야기 했을 경우 상대방이 상처 받을까봐 내색하지 않고 듣기 좋게 표현하는 경우도 많다. "내가 이렇게 말하면 상대가 어떻게 생각할까?"하는 것까지 염려하고 배려하는 의식이 강한 일본인에게서 두드러지게 나타나는 특징중의 하나라 할 수 있다. 사람과 사람과의 관계를 중요시하고 모나지 않게 살며 '와(和) = 조화'를 중요시 여기는 일본인의 언어표현의 특징을 잘 나타내주는 키워드인 것이다. 그러면 일본인들은 속마음을 전혀 내보이지 않는 것일까? '혼네'와 '다테마에'를 비교 설명할 때 흔히 예로 드는 일화를 보자.

유명한 이야기는 교토에 관련된 이야기이다. 교토는 일본 헤이안(平安)시대부터 천년 도읍이었던 곳으로 도쿄에서 신칸센을 타고 3시간 정도 걸린다. 아주 오래된 문화를 가지고 있는 교토 지방 사람들의 의식은 일본인들 사이에서도 독특한 것으로 평가되곤 하며, 타지방 사람들은 교토 지방 사람들에 대해 경계심을 가지고 있다고까지 말할 정도이다.

교토의 오래된 기모노(着物 = 일본 전통의류), 와가시(和菓子 = 일본 전통생과자), 오차(お茶 = 일본차), 야끼모노(燒物 = 도자기) 상점 중에는 100년, 200년 된 상점도 있다. 이 상점들은 오토쿠이상(お得意さん = 단골) 이외에는 손님을 받지 않는다고 하는데, 지나가던 사람들이 상점에 들어가면 "우리는 단골손님만 받습니다"라고 이야기하는 것이 아니라 "춋토 이마 만세키데스가(ちょっと今滿席ですが = 지금

빈 자리가 없습니다)" 또는 "촛토 이마 테가 하나세마셍가(ちょっと今 手が離せませんが = 제가 지금 바빠서 일에서 손을 뗄 수가 없습니다)"라고 응대한다. 실제로 일에서 손을 뗄 수 없을 정도로 바쁜 것이 아니고, 그런 식으로 돌려 말하는 것이 '다테마에'이다. 그 가게들은 단골들만 받지만 그렇게 말하면 실례가 되니까 그런 어법을 사용 하는 것이다.

또 다른 이야기도 있다. 교토의 아는 사람 집에 가서 1시간쯤 돼서 "소로소로 시츠레이시마쓰(そろそろ失礼します = 슬슬 가보겠습니다)"라며 돌아가겠다는 손님에게 집주인이 "아노 오차즈케데모 이까가데쓰까(あの…御茶漬けでもいかがですか = 오차에 말은 밥이라도 어떠신지요)"라고 한다. 오차즈케(お茶漬け)는 출출할 때 제일 간단하게 먹을 수 있는 음식이고 일반적으로 짭짤한 김이나 마른 생선가루를 조금 뿌리고 뜨거운 차를 부어 만든다. 일본인들은 숟가락을 사용하지 않고 젓가락만 사용하는데, 오차즈케는 젓가락으로 휘휘 저어서 밥공기 채 입에 갖다 대고 후루룩 하고 입안에 몇 모금 흘려 넣으면 되는 가장 손쉽게 먹을 수 있는 음식이라고 할 수 있다. 물론 한끼 식사로 먹는 것이 아니라 누구나 간단히 만들어 먹을 수 있으며 출출할 때 밤참이나, 식욕이 없을 때 먹는다. 요즘엔 위에 뿌리는 가루들이 시판되고 있기 때문에 가루들도 직접 만들지 않고 시판용을 뿌려 먹는 사람들도 많이 있다. 즉 집주인의 대응은, 대단한 음식을 대접하지는 못하지만 가장 간단한 것이라도 드시고 가는 것이 어떠냐고 묻는 것인데, 사실 대접할 마음이 희박한 질문이다. 어느 대목에서 손님이 돌아가기를 바라는 질문이라는 것을 눈치 챌 수 있을까? 만약 음식점에 갔는데 주인이 지금 바쁘니까 주먹밥이나 김밥이라도 드시겠냐고 한다면 그 말인즉슨, 그 집 요리를 먹으러 들어간 손님에게 가게가 바쁘니까 자투리 음식을 먹으라는 의미일 것이다. 결국 '손님을 안 받겠다'는 것으로 해석할 수 있다. 그러한 '혼네'를 눈치 못 챈 외국인이나 다른 지방 사람들이 순진하게 "소오데스까? 오코토바니 아마에떼(そうですか。お言葉に甘えて=아… 주신다면 먹지요)"라고 하며 다시 자리에 앉으면 큰일이다. 대접한다는 건 어디까지나 '다테마에'고 돌아갔으면 하는 게 '혼네'이기 때문이다.

　　일본에 수년간 사는 중 여러 경험을 했는데 그 중 하나가 회사사택 보수공사였다. 북쪽 벽이 방수가 잘 안 되어 자꾸 곰팡이가 생겨 조합장을 집으로 불러 문의했다. 매달 수선적립금이라는 명목으로 회사에 돈을 내고 있어서 조합에서 고쳐주어야 한다고 생각하고 의논한 것이다. 40대 남자 조합장이 와서 장장 서너 시간 동안 얘기를 하는데 계속 같은 얘기를 반복하며 이야기가 진전이 안 되었다. 즉 다테마에만 계속 이야기하며 해줄 수 없다는 혼네를 말하지 않는 것이다. 너무 힘이 들어 일본친구의 건축사 남편과 의논하니, 상황을 보건대 조합에서 안 고쳐 줄 것 같으니 그냥 필자더러 개인적으로 업자를 불러 고치라 하여 결국 필자가 업자를 불러 고치고 말았다. 처음부터 혼네로 말하지 않고 다테마에만 계속 얘기하는 조합장을 상대로 쉽게 포기하지 않고 노력했으나 결국 손을 들고 말았다.

사람과 사람의 관계에 관한 특징은 조직 전체의 화합을 개인의 목소리보다 더 중요시 여기는 경향으로 나타나며, 이를 일본인들은 '와(和)'라고 부른다.

그러나 일본사람들을 사귀어보면 이심전심이 통하곤 한다. 바로 이 점이 서양사람들하고는 다르다. 한 번 정해진 원칙이 있을 때 아무리 상황설명을 해도 이해해주지 않고 원칙을 고수하는 경향이 강한 서양에 비하면 일본사람들과는 비교적 마음이 통한다고 할 수 있다. 그럼에도 불구하고 일본사람들과는 친한 친구에게도 조심을 해야 한다. 어느 정도 친한 경우에도 어디까지가 '혼네'이고 어디까지가 '다테마에'인지 정신 차려서 판단하고 가늠할 필요가 있다. 즉 일본사회는 일본인들 사이에서도 주의가 필요한 긴장된 사회라고 할 수 있다.

일본인과 한국인의 차이 중 하나로 카시카리(貸し借り = 빌려주고 받음, 임차)에 관한 것이 있다. 일본인들은 한국인들이 남에게 부탁이나 빌리는 것을 쉽게 한다고 지적하기도 하는데, 이 또한 단순하지만은 않다.(申 2006 참조)

필자의 지인 중에 일본인 전직 경찰이 있다. 그는 원래 일본에서 한국인 범죄자를 조사하기 위해 한국어를 배웠으나 한국어에 관심이 깊어져 경찰을 그만두고 한국에 와서 한국어 전공으로 박사 논문을 마치고 교수가 되었는데, 일본어는 물론이고 한국어에도 상당한 실력을 지니고 있다. 필자와의 인터뷰 중 그는 한국 학생들은 '담배 빌려달라'는 말을 많이 한다는 이야기를 하였다. 일본 사람은 담배가 없으면

안 피고 말지, 담배를 얻어서 피기까지는 않는다고 한다. 말로는 빌려 달라고 할 수 있다손쳐도, 실제로 얻어서 피는 게 이해가 안 된다고 말했다. 예를 들어 한국사람이 일본사람에게 "담배 빌려 줄 수 있어요?"라고 하면 '혼네'는 빌려주기 싫은데 그래도 같이 공부하는 사이인데 눈에 나면 안 좋지 않을까 하여 "이이데쓰요(いいですよ = 괜찮아요)"라고 했다는데 이것 또한 '다테마에'라고 할 수 있다. 같은 내용으로 한국인에게 물어보면 "담배 정도 얻는 것쯤이야" 하는 의식이 있으며, 말이 빌려달라는 것이지, 빌려준 사람도 빌리는 사람도 받을 마음도, 갚을 마음도 없는 것을 알 수 있다. 필자는 이것을 바운더리(boundary)에 대한 의식 차로 해석한다. 즉 상대방과 나 사이의 바운더리가 일본인은 더 명확하고, 한국인은 덜 명확하기 때문에 나타나는 행동의 차이라고 할 수 있다.

한국인과 일본인의 바운더리 의식의 차이를 잘 나타내는 예를 들고자 한다. 필자가 일본에서 가깝게 지내는, 적어도 1년에 한 번은 며칠씩 서로의 집에 묵기도 하는 사이의 친구가 있다. 필자의 귀국을 앞두고 이삿짐을 정리해주러 와 계시던 친정어머니와 함께 초대받아 도쿄에서 2~3시간 떨어진 지방에 있는 그 친구 집에 묵은 적이 있다. 2층짜리 작은 집으로 아래층에는 부엌, 방 두 개가 붙어 있는 구조였다. 혼자 사는 그 친구는 두 방 사이의 후쓰마(襖)를 떼어 놓은 상태로 지내고 있었다. 저녁을 먹고 잘 시간이 되니 그 친구는 두 방 사이에 작은 가리개를 놓아 본인과 필자 모녀 사이를 구분 지었다. 아직 이른 시간이라 잠도 안 오고 손을 뻗으면 서로 닿을 거리지만 그 시간 이후는 말도 걸어서는 안 되는 분위기임을 감지했다. 집에 재울 정도라면 한국에서는 아주 친한 사이로 볼 수 있다. 따라서 한 방에서 자더라도 잠을 자는 공간을 따로 구분 짓지 않았을 것이고, 잠들 때까지 서로 말도 할 수 있는 것이 일반적이다. 그러나 일본에서는 가까운 사이였지만 좁은 방에 가리개를 놓아 각자의 '바운더리'를 만드는 것을 보고 일본인의 명확한 바운더리 의식을 느낄 수 있었다.

일본인의 바운더리 의식은 카시카리(貸し借り) 의식에서도 명확히 나타난다. 그들은 한국인과 달리 자신의 아이를 남에게, 심지어 친구나 친척에게도 돌보아 달라고 부탁하는 경우가 거의 없다. 맞벌이 등으로 바쁜 아래세대를 대신해 손자, 손녀를 할머니가 돌보아 주는 것이 일반적인 한국인의 눈에는 일본인이 정이 없는 민족처럼 보일지도 모른다. 하지만 이것은 정이 있다 없다가 아니고 타인에게 피해를 주지 않고자 하는 일본인의 마음을 엿볼 수 있는 예라고 할 수 있다.

이러한 의식은 일본 부인들이 시장이나 병원에 갈 때나, 아이들의 유치원이나 초등학교 등교시의 자전거를 보면 잘 나타난다. 자전거 앞뒤에 안전바가 설치된 의자를 달아, 엄마 눈 앞의 앞 의자에는 어린 아이를, 엄마 뒤의 의자에는 큰 아이를 앉힌다. 즉, 아이를 봐주는 사람이 없고, 옆집이나 다른 사람에게 부탁하길 꺼려하여, 본인의 시장 가는 일이나 큰아이의 등원이나 등교시 어린 아이도 태워서 함께 다니는 것이다. 남에게 부탁하는 것을 빚을 진다고 생각하는 데서 나온

강한 카시카리 의식의 반영인 동시에 나와 남 사이의 바운더리 의식의 명확함을 보여주는 예라 할 수 있다.

그뿐만이 아니다. 필자의 일본인 친구 중 한 명은 한국인의 넘치는 에너지에 대해 혀를 내둘렀다. 그에 따르면, 한국인은 만나는 즉시 친구가 되고 다음 날로 형제가 되어 전화 연락도 하지 않은 채 집에 방문해 저녁을 같이 먹자고 하고, 매일 같이 자기 집에 놀러 오라고 초대한다고 했다. 자신은 체력적으로 한국인 친구를 쫓아갈 수 없었다고 했다. 서로의 집에 초대하고 초대 받는 것은 한국인에게서는 얼마 전까지만 해도 흔한 일이었다. 사전 연락도 없이 다른 사람의 집에 방문하는 것은 예의에 어긋나는 일일지도 모르나 끈끈한 정을 중요시 여기는 한국인에게 있어서는 그다지 놀랄 일이 아닐지도 모른다. 일본에서 생활할 때 일본 친구가 한 번도 집에 초대를 하지 않는 데에 대해 섭섭해하는 한국인이 많이 있었다. 즉, 자신과 타인의 바운더리 의식에서 한국인과 일본인 사이에는 큰 차이가 있다고 볼 수 있다.

마찬가지로 한국인은 일본에서 한국에서와 유사한 상황에 처했을 때, 일본이 한국보다 기대에 못 미치는 느낌을 경험하곤 한다. 그래서 처음 일 년 정도, 일본문화를 이해하기 전까지는 그것을 섭섭하게 느끼는 경우가 많다. 하지만 문화는 다른 것이지 우열이 있는 것은 아니다. 경제적으로 가난한 나라라도 문화가 열등하다고는 말할 수 없다. 같은 나라라도 태어나고 자란 지방에 따른 문화가 다르다. 예를 들어 같은 한국인이라도 다른 지방 출신의 남편과 아내의 경우, 태어나고

자라며 몸에 밴 문화가 많이 다르며, 음식 문화 하나만 보아도 한 쪽은 싱겁고, 또 다른 한 쪽은 짜고 매워 서로 익숙해지려면 시간과 노력이 필요하다. 이러한 차이는 서로 다름일 뿐, 어느 쪽이 우수하고 어느 쪽이 열등한 것이 아니다. 같은 나라 사람끼리도 이렇게 다른데 하물며 서로 다른 나라인 한국과 일본은 어떻겠는가. 또한 상대방과의 관계를 유지하기 위해 사용하는 '혼네'와 '다테마에'는 어느 문화에나 다 있다. 한국도 물론 '혼네'와 '다테마에'에 해당하는 의식이 존재한다. 다만 일본은 '혼네'와 '다테마에'의 차이가 두드러지게 나타나는 점이 타 문화와 구별되는 특징이라고 할 수 있다.

아이들이 서로 놀러 오고 가며 엄마들도 친해지고 가깝게 지내는 아파트 이웃들이 있었다. 필자의 집으로 놀러 와 필자의 아이와 놀고 있던 자기 아이들을 데리러 온 이웃 일본 부인에게 차 대접을 하는 일이 종종 있었는데 이런 경우 그 부인이 돌아가면서 "콘도 우치니모 도오조(今度うちにもどうぞ = 다음에 저희 집에 놀러 오세요)"라고 말하곤 했다. 그러나 이렇게 지나가는 말로 한 초대에 응해서 실제로 상대방 집에 간 적은 거의 없다. 왜냐하면 "몇 날, 몇 시, 며칠까지 오세요"라고 한 것이 아니라 의례적인 인사말이기 때문이다. 또 이러한 인사말은 일본 내에서도 도시와 지방에 따라 차이가 나는데, 일본의 지방 출신 지인도 이런 인사말의 차이에 익숙해지는 데는 시간이 걸렸다고 했다. 이것을 깨닫는 데는 상대방과의 친분, 상대방의 해외 문화 접촉 여부에 따라 다르지만 기본적으로 시간이 걸린다. 이와 같

이 지나가는 말로 하는 초대 역시 '다테마에'의 한 예라고 할 수 있다.

일반적으로 일본인들은 손님을 집으로 초대하는 경우가 아주 드물고, 해외에서 산 경험이 있는 사람들 중에는 손님을 집으로 초대하는 경우가 종종 있다. 또 다른 경우를 보자. 일본의 웬만한 기업들은 직원들의 후생복지의 목적으로 풍광이 좋은 산이나 온천지에 휴양소를 갖고 있으며, 직원들과 그 가족들은 그곳을 저렴한 비용으로 이용할 수 있다. 수 년 전, 아들이 일본기업의 책임 있는 자리에서 근무하고 있을 때 일본지방의 한 휴양소를 이용한 적이 있다. 이러한 휴양소는 일반적으로 그 기업에서 근무하다가 퇴직한 임직원과 부인, 둘이서 음식장만, 청소, 관리를 맡고 있는 경우가 많다. 이윤창출을 목적으로 운영하는 곳이 아니기에 음식에 있어서도 상당한 수준의 가정요리를 맛볼 수 있다. 시설도 고급은 아니지만 깔끔하고 잘 정돈되어 있다. 필자가 간 곳은 일본 유수 기업의 휴양소로 관서 지방 출신인 관리인 부부의 성격처럼 따뜻하고 친절함도 갖추고 있는 곳이었다. 두 번째 갔을 때쯤 가까워져, 한국에서 가져간(흔히 한국인들이 가져가는 시판되는 포장식품이 아닌 집에서 직접 만들어간) 음식을 선물했더니, 그 지역에서 계곡을 따라 지천으로 나는 크레송(cresson = 도쿄에서는 비싸서 샐러드나 비프스테이크에 곁들이거나 조금 넣을 정도의 고급 야채)을 나물로 무쳐 먹을 정도로 많이 주었다. 하루 묵고 떠날 때 "다음엔 아드님 통하지 말고 직접 예약하고 오세요"라고 했다. 얼마 후 필자가 "그렇게 할까?"라고 아들에게 물었을 때, 아들은 즉각적으로 "그건 다테마에죠"라고 대답했다. 그 말을 듣고 "맞아. 그렇지"라고 생각했다. 그 후엔 갈 기회가 없어서 확인은 못했지만, 만약 내가 그 말을 액면 그대로 받아들여 직접 예약했다면 그 사람들은 당황했을까, 반가워했을까? 물론 개인차도 있고, 권유하는 사람과 권유 받은 사람의 친분관계에 따라 다를 수 있을 것이다.

일본인의 언어사용에서 나타나는 또 한 가지 특징은 협상시의 대화법으로 "켄토시떼 미마스(検討して見ます = 검토해 보겠습니다)"가 있다. 이는 협상용어로 만약 무역 관계 협상 시 일본인이 이렇게 말했다면 실제로 검토해볼 확률은 거의 없다. "켄토시떼 미마스"는 거절에 가깝다. "안돼요. 그 조건으로는 못 팔아요"라고 하지 않고 "켄토시떼 미마스"라고 하는 대화법 역시 '다테마에'로 볼 수 있다.

한국인과 일본인의 언어사용의 차이점 중 하나가, 한국인은 식사시간 언저리에 사람들을 만나면 "밥 먹었어요?"라고 묻는 것이다. 물론 세대차이는 있겠지만 이러한 인사는 6.25를 겪고 가난했던 시절 보릿고개를 아는 세대에게서 많이 보인다. 실제로 옛날에는 밥 때에 누가 지나가다가 남의 집에 들르면 밥상에 숟가락 하나 놓아 같이 먹곤 했던 문화가 있었다. 그러나 현대에 들어와 직장 생활하는 주부나 전업 주부나 모두 바빠져서 이러한 문화는 사라져 가고 있다. 아침 9시가 지나 집에 있는 주부는 성격이 나쁜 사람이라는 우스갯소리가 있을 정도이다. 물론 일본인들도 사람에 따라 다르고 지방이나 세대에 따라서도 다른 건 말할 필요도 없다.

일본인 지인 중 본인의 집에 월세로 사는 유학생들에게 세탁기도 사용하게 해주고 빨래도 널어주시는 일본인 크리스찬 할머니가 계신다. 어느 날 할머니 별장을 며칠 빌려 쓴 일본인 친구 딸이 별장 열쇠를 갖고 별장에서 돌아오면서 곧바로 할머니 댁을 방문했다. 때는 저녁 무렵으로 할머니는 친구 딸에게 저녁 먹었느냐고 물었는데 상대방이 도시락 사왔다고 하니 도시락을 여기서 먹고 가라고 권했다. 그때 일본인 친구 딸은 밥을 먹고 가면 운전할 때 졸리기 때문에, 그냥 간다고 했다. 늦은 시간이고 손님(필자)도 와 있는 상황에서, 엄마의 친한 친구가 권하는데도, 올라와 식사하지 않고 졸릴 것 같아서 간다며 사양하는 모습에서 일본문화의 한 단면을 관찰 할 수 있었다. 이 경우 역시 통상적 일본인들 간의 카시카리(貸し借り)에서 상당히 벗어난 행동으로 일본인들 간에는 여간 친하지 않고는 별장을 빌려 쓰는 행동은 그리 쉽게 볼 수 있는 일은 아니다. 그러나 할머니(80세 이상인 것은 짐작으로 알지만, 일본문화 예법에 따라 물어 본 적이 없음)가 운전을 못해 1년에 수차례 별장을 갈 땐 운전을 해서 동행하는 친구와의 특수한 관계가 있기에 가능한 일이다.

상대방(할머니)이 더 권하지 못하도록 그럴듯한 핑계를 대어 그냥 돌아가는 상황(딸 친구의 대응)은 흔하지 않은 경우이다. 물론 그 집 밥도 아니고 도시락이었기에 올라가서 먹을 수도 있었다. 그러나 서로에게 부담을 끼치지 않고 예의를 지키려 하는 일본문화의 한 단면을 관찰할 수 있는 경험이었다. 이에 대해 설명을 한 후 한국 대학생들의 의견을 들어보았다.

   학생A   저는 도시락을 먹지 않고 밥을 해달라고 한 후 밥 먹고 가겠어요.
   학생B   저는 두세 번 거절한 다음 마지못해 그 도시락을 먹고 갈 것 같습니다.

이렇게 의견이 갈렸는데, 세대별 차이는 물론 당연히 나라차이도 나타났다.

바깥양반이 돌아가신 후 혼자 사시던 노부인 혼다상이 남편의 작고 후, 일본 T대 교수였던 남편의 제자 중 하나인 서울 S대 교수의 초대로, 수 년 전 3박 4일 일정으로 처음으로 한국에 오셨다. 이틀 째 되는 날 저녁, 필자 집으로 식사 초대 후 S대 앞 숙소까지 모셔다 드렸다.
이 노부인은 나의 일본 친구인 오사와상(좀 전에 등장한 크리스찬 할머니)과 친한 친구였고, 오사와상 집에서 걸어갈 수 있을 정도로 가까운 곳에 사셨다. 그 후 내가 일본을 방문했을 때 그 노부인은 오사와상 댁으로 필자를 만나러 오시고 함께 들라고 일본 과자를 사오셨다. 나도 가져간 선물 중 하나를 드리고 반가운 해후를 하다보니 자연스럽게 저녁시간이 되었다. 그 후 오사와상은 같이 저녁 먹자고 권하고 나도 한국 반찬(깻잎 장아찌 등 5가지 반찬)을 갖고 왔으니 같이 식사하자고 권했다. 하지만 부인은 "저도 집에 밥을 올려놓고 왔으니 반찬은 내일 드세요. 또 집에 가서 할 일이 굉장히 많아요"라고 더 이상 식사 권유를 할 수 없는 이유를 대며 사양했다. 이쪽에서는 더 이상 권할 수가 없다. 그걸 보며 참 일본 분은 일본 분이다, 라고 생각했다. 둘 다 60대, 80대로 남이 보면 할 일도 없고 바빠 보이지 않고, 특히 혼자 사니까 꼭 집에 가서 먹어야 할 이유가 없을 것 같았다. 한국인 친구 사이였다면 같이 먹었을 것이다. 그러나 권하는 오사와상도, 사양하고 가는 혼다상도 별로 섭섭해 하지 않는 기색이고, 깔끔하게 대응하는 걸 보며 "역시 문화는 다르다"라고 새삼 느낀 경험이었다.

네마와시 / 아리가타메이와쿠

① 네마와시(根回し)

이번엔 일본인의 키워드 중 '네마와시'에 대해 이야기해 보자.

'네마와시'의 어원은 뿌리를 돌린다 라는 뜻으로(네(根) = 뿌리, 마와시(回し) = 돌리기) 실제로 어떤 새로운 안건에 대해 회의하기 전 미리 하는 준비작업을 뜻한다.

일본 사람들은 회의 전 미리, 그날 회의에 참석할 사람들에게 다루고자 하는 안건에 대해 일일이 설명하여, 회의 당일에는 회의를 문제없이 진행할 수 있도록 사전 작업을 한다. 쉽게 말하면 일종의 로비인 셈이다. "이러한 안건을 다루려는데 회의 때 조금 협조적으로 해주세요"라며 회의가 결렬되지 않도록 한 사람 한 사람에게 미리 설명하고 협조를 구하는 것은 정말 보통이 아니게 힘이 든다.

하나의 중대한 사안이 있을 때 협조를 구하고, 설득, 회유하는 '네마와시'는 우리나라도 있고 어디든 있을 텐데 왜 이것을 일본의 중심 키워드라고 할까? 네마와시의 목적은 발생 가능성이 있는 갈등을 극소화하는 것이다. 우리나라는 심지어 휴양지나 스키장에 가도 주차장 문제로 싸우는 것을 목격하곤 한다. 아버지가 주차하다가 상대방과 문제가 생기면 온 집안 식구가 서로 붙어서 멱살 잡고 싸우는 모습을 심심찮게 볼 수 있다. 그렇지만 일본에서는 15년 사는 동안 멱살 잡고 다투는 것을 한 번도 본적이 없다. 왜 그럴까? 직접 부딪치는 갈등, 알력, 분쟁을 막기 위해 말의 표현을 돌려서 간접적으로 사용하기 때문으로 해석할 수 있다. 일본인들이 스스로에 대한 부정적 특징으로 꼽는 것이 아이마이(曖昧 = 애매)한 표현이다. 대표적인 예로, 책임을 회피하려고 이도저도 아닌 표현을 하는 일본 정치가들의 표현을 다마무시 발언(玉虫発言)이라고 한다. 무당벌레 색깔을 보며 "이렇게 보면 이 색, 저렇게 보면 저 색으로 보인다"라고 말하는 것처럼, 일본인들은 애매하게 표현하여 미리 분쟁의 요소를 줄인다. 마찬가지로 회의 장소에서 상대방에게서 격한 대화가 나오는 걸 방지하기 위해 사전 정지 작업을 해 두는 것이다. 이처럼 회의가 정해진 순서에 따라 순조롭게 흘러갈 수 있도록 하는 것이 바로 '네마와시'의 역할이다.

과거 일본에서 3년간 일한 경험으로 볼 때 '네마와시'는 정말 어렵다. 안 되면 그 장소에 가서 싸울지언정 어떻게 일일이 사전에 미리 협의를 하는지……. 똑같은 이야기를 여러 사람에게 해야 하니 많은 에너지가 필요하며 굉장히 피곤하다. 실무자에게도 사전작업을 다할 정도로 사전작업을 철저하게 해서 효율적으로 회의를 할 수 있도록 한다. '네마와시'는 역시 아무나 하는 것이 아니라고 느낄 정도로 어려우며, 필자는 결국 도중에 포기한 경험도 있다.

'네마와시'를 사전 로비작업이라고 하면 부정적인 방법이 포함된다고 생각할 수 있다. 그러나 부정적이라고만 말할 수는 없다. 다룰 안건에 대해 미리 이해를 구하고, 설득, 로비 등 많은 사전 정비 작업을 하는 것이 반드시 부정적인 것만은 아니다.

80년대 말 어느 주말, 젊은이들이 많이 다니는 하라주꾸를 지나갈 일이 있었다. 거리는 젊은이들이 타고나온 차로 심하게 정체되어 있었는데 앞차와 뒤차 사이에 시비가 붙었다. 차에서 내린 젊은이들이, 상대방 차에서 내린 사람이 자기들보다 강해 보이니 간단하게 사과하고 끝내는 것을 목격했다. 실리적으로 상황 판단을 해 승산 없는 싸움에 처음부터 백기를 든 것이다. 한국 같으면 몸싸움이 일어날 수도 있는 상황이었는데 이렇게 지나가는 것을 보며 한국과 비교가 되었다. 물론 일본의 '네마와시'는 개인성향의 차이일 뿐 문화의 차이로 보기 어렵다는 의견도 있기는 하다. 하지만 일본의 '네마와시'는 타문화권의 '네마와시'와 정도의 차이가 두드러져 일본인들 스스로도 자신들의 문화의 키워드에 '네마와시'를 넣고 있다. 어느 문화에나 서로 참고 조절하는 문화도 있고, 또는 직접적으로 자기주장을 펼쳐 투쟁으로 치닫는 문화(한국 국회의 예에서 많이 보이는)도 있고 좀처럼 멱살잡지 않고 살아가는 문화도 있는데 이들의 차이를 비교할 수 있다.

② 아리가따메이와쿠(ありがた迷惑)

'아리가또(有難う)'라는 말을 많이 들어 보았을 것이다. '고마워'라는 말이다. 「아리가따메이와쿠」는 '아리가또(有難う)' 뒤에 '메이와쿠(迷惑)'가 붙어서 된 말이고, '메이와쿠'는 '폐'라는 뜻이다. 왜 고마워해야 하는데 앞뒤가 맞지 않게 '폐'일까?

그 나라 문화를 모르면 종종 우리도 이렇게 할 수 있다. 예를 들어 많은 한국인들에게서 보이듯이, 주로 "식사하세요" "한 그릇 더 드세요"라고 권할 때, 상대방이 "생각 없어요"라고 해도 "뭘 사양하세요, 드세요" 하고 끈질기게 권한다면 그것은 「아리가따메이와쿠」를 저지르는 것이 된다. 한번에만 끝나면 좋은데 두 번, 세 번 하면 상대방이 먹기 싫어도 거절하기 힘들게 되는데, 그런 것처럼 내가 베푼 호의가 남에게는 오히려 '폐'가 될 때 「아리가따메이와쿠」라고 한다.

식사 할 때만이 아니라, 친구가 집에 놀러 왔을 때 자고 가라고 계속 권하는 것 등도 해당된다. 일본 사람의 경우 "모오 입빠이 도오데스까?(もう一杯どうですか。한 그릇 더 어떠신가요?)"라고 물었을 때 "모오 겟꼬데스(괜찮습니다)"라고 답하면 더 이상 권하지 않는다. 하지만 우리나라에서는 "한 그릇 더 드세요"라고 하며 열심히 권하는

경우가 많다. 아직 일본문화에 익숙하지 않은 한국 주재원이 일본인이 "모오 입빠이 도오데스까?"라며 권했을 때 일본말이 서투르다 보니 "이이데스('좋다'는 뜻으로도 '이제 됐다'는 뜻으로도 사용)"라고 대답했더니 더 이상 권하질 않아 집에 와서 밥을 더 먹었다는 일화가 있다.

미국 조지타운 대학 대학원에 유학 중인 한 일본인 학생이 그곳에서 한국인 클래스메이트와의 경험담을 들려주었다.

"한국 사람은 정이 많아 만나자마자 친구가 되고 그 다음날에는 형제가 되어 있더라고요. 자기 집에서 저녁 같이 먹자고 초대도 하고 그 다음날은 제 방에 불쑥 찾아오거나 하더라고요. 도저히 그 힘과 속도를 따라갈 수 없었어요. 저는 하루 일과가 끝나면 정신적이나 육체적으로 힘이 들어 서 쉬고 싶은 날이 많았거든요."

일본에 있는 한인교회에서 한국 아이들이 뛰어다니는 것을 보고 할머니들이 한국아이들은 고춧가루와 마늘을 먹어서 힘이 좋고 일본 아이들은 고춧가루와 마늘을 안 먹어서 그런지 스테미너가 부족하다고 했던 게 생각난다.

위 유학생의 경우처럼 전화가 와서 같이 밥 먹자고 하면 일본인들은 듣기 좋은 거짓말로 거절한다. 상대방 기분을 상하지 않게 하려고 방금 먹었다고 하면 일본사람들은 거절의 뜻으로 알아듣지만 우리나라 사람들은 맛있는 음식이 있으니까 와서 먹으라고 계속 열심히 권한다. 한국으로 시집 온 일본 며느리 같은 경우도 한국 시어머니가 집으로 찾아

올 때마다 반찬을 만들어서 오는데 그것이 부담스럽다고 한다. 자기가 만든 반찬을 먹어야 하는데 자기 것을 먹다 보면 시어머니가 만들어온 반찬은 썩어버리기 때문이다. 이러한 상황은 자기가 원한 것이 아니니 시어머니의 행동을 「아리가따메이와쿠」로 평하는 경우도 있다.

과연 어디까지를 '폐'라고 느끼는 것일까. 개인차도 있겠지만, 누가 해주는 것을 고맙게 받아들이기보다는 「아리가따메이와쿠」라고 받아들이는 일본인들의 사고의 저변에는, '신세진 일은 갚아야 한다'는 의식이 강하게 자리 잡고 있다고 볼 수 있다. 입원이나 출산 등 주위사람이 경조사를 겪게 되었을 때 경조사비를 가져가는데 여기서도 차이를 볼 수 있다. 한국 같은 경우 보통 감사 인사장 정도가 오지만, 일본의 경우 감사장과 더불어 경조사비의 약 3분의 1에 해당하는 금액의 답례품이 온다. 물론 젊은 사람들보다는 전쟁 세대(50년대 이전 출생한 세대)에서 받으면 갚아야 한다는 의식이 강하다.

공통체의식 / 절약정신

 공동체의식

일본인들은 섬나라라는 환경에서 더불어 살며 평화를 유지해 왔다. 그렇기 때문에 그들에게서는 공동체의식과 세상사람들(남)의 눈을 의식하는 경향이 두드러지게 나타난다. 특히 마을 공동체 행사에 잘 참여한다. 참여하지 못했을 경우에 당할 제재에 겁먹고 마음이 불편해질 것을 꺼려하여 협동하는 예를 살펴보자.

동경대 법대를 졸업하고 외무, 법무, 행정고시를 합격하여 외무성, 법무성, 문부성, 대장성(현 재무성) 등에 근무하는 과장급들이 주로 사는 공무원 아파트 단지에서 어느 여름 더운 날씨에 단지 내 작은 풀밭의 제초작업 광경이다. 어느 한 사람, 본인의 사정 때문에 빠지거나 다른 사람을 대신 내보내지 않고 그 더운 날씨에 일사불란하게 풀을 뽑는 광경을 보고 일본인 사회의 공동체 의식을 새삼 강하게 느꼈다. 자발적으로 보이지만 거의 안 할 수 없게 되어있는 공동체의 무언의 압력(Community Pressure)에서 자유롭지 못한 사회분위기와 의식을 느낄 수 있었다.

이누카이는 저서 『私のヨーロッパ(나의 유럽)』에서 그가 독일에서 살면서 느낀 경험담을 통해 독일 사회와 독일인들에게서 보이는 장점을 예로 들며 일본 사회와 비교하고 있다. 내용 중 그가 살던 독일 지방도시의 아름다운 경관과 주택 임대 시의 계약 내용, 이웃과의 공동체 삶의 매너들이 들어있다. 그 내용을 보며 한국과 일본의 공동체 매너에 대해 다룰 필요가 있다고 여겨 비교해보고자 한다.

일본 주택들은 결코 넓지 않은데, 1980년대까지는 자칭 '우사기고야(토끼장)'라고 할 정도로 주택 사정의 열악함에 대해 자아비판의 소리가 높았다. 그러나 각 가정은 비록 스티로폼 화분에 넣어 키울지언정 집 앞에 작은 화단을 만들어 가꾸며, 아무리 평수가 작은 아파트라도 현관과 문전을 예쁘게 꾸며놓고 있다. 물론 한국 아파트들도 2000년대 전까지만 해도 성냥갑 같은 고층 아파트 일색이었다가 최근 수 년 간 단지 내 자연 환경을 꾸미는 등 친환경적으로 바뀌고 있다. 1980년대만 해도 대형 쓰레기차가 쓰레기를 수거하는 날에는 악취가 대단했으나 지금은 그때에 비해 시민들의 환경에 대한 관심도가 높아지고 쓰레기 분리수거 참여도 많이 늘어난 것 같아 다행으로 여긴다. 그러나 그 분리수거가 완벽하지 못해 그로 인한 악취는 사라지지 않고 있는 현실이다. 아파트 같은 공동 주택의 쓰레기 분리수거는 상호 감시라는 체제 덕에 어느 정도 지켜지고 있으나, 소규모 공동주택이나, 개인주택, 학교 등의 공동체에서는 분리수거가 철저히 지켜지고 있지 않다. 해마다 일본 여러 대학을 방문할 때마다 색깔 별로 쓰레기통을 구분하여 분리수거를 시행하고 있는 그들의 철저함에 감탄하고 부럽기도 하다.

쇼와여대 쓰레기 분리수거통

종이, 타는 것, 타지 않는 것, 페트병, 캔·병 순

하지만 한국에서는 단지 앞 화단을 꾸미기 위해 모금하기로 반상회에서 결정을 해도 아직도 그 협력도가 낮아 어려움을 겪곤 한다. 각 세대마다 자기 집 치장을 위해 비싼 화분을 구입하는 것에는 돈을 아끼지 않으나, 단지 전체의 미화를 위해서는 여전히 인색하고 협동심이 부족하다는 것을 느끼곤 한다. 최근 수년간 한국의 아파트는 건축 미학상 차별화, 친환경 요소 가미를 위한 노력으로 60년대 후반 초기 아파트 건설시기의 외관에 비하면 입구, 단지조성, 스카이라인 면에서 발전해가고 있음을 볼 수 있다. 그러나 상당히 고급 아파트의 경우에도 아래, 위층의 걷는 소리 등의 소음 방지 면에서는 아직도 미흡하다. 새벽 일찍부터 쿵쿵 소리를 내며 걷거나 아파트 건물 내에서 소리를 내며 뛰어다니는 어린 아이들을 단속하지 않으며, 미리 양해를 구하지 않고 인테리어 공사를 시행하는 등, 아직도 공동체 의식과 이웃에 대한 배려가 부족하다고 여겨진다. 경제 성장에 걸맞는 타인에 대한 배려가 병행할 때 선진국 국민이 되지 않을까 생각한다.

한국인과 일본인의 특성을 비교할 때 흔히 단결력을 든다. 한국인은 한 사람 한 사람은 똑똑한데 단결이 안 되어 모래알에 비교되고, 일본인은 단결이 잘 되어 진흙에 비교된다. 과연 그럴까?

이에 대해 집중적으로 조사, 분석할 정도로 공을 들이지 않았기에 한 마디로 단정할 수는 없다. 다만 일본에서 15년간 살며 그들의 단결력을 부러워한 적은 여러 번 있었다. 그 중의 하나가 '마츠리'였다. 그들이 지역별로 마츠리를 준비하여 사람들이 구경할 수 있는 볼거리로 만들어가는 '일사불란'한 진행 과정을 보며 두 가지를 느끼곤 했다. 한 가지는 외부인으로서의 소외감이고, 다른 한 가지는 그들의 단결력이다. 일본이라는 사회에서 살면서 가능한 한 일본인 커뮤니티에 들어가 살며, 인적 네트워크 형성과 몸으로 느끼고 배우는 문화 습득을 지향해온 필자였다. 그래도 그들의 일사불란하게 움직이는 모습을 보며 역시 '외부인'이라는 소외감을 떨칠 수 없었던 것은 당연한 일인지도 모른다.

② 절약정신

필자에게 일본은 오래 살던 곳이라 익숙하고 편해서 좋고, 좋아하는 음식을 먹어서 좋은 곳이지만, 고온 다습한 날씨로 애를 먹기도 하는 곳이기도 하다. 수년 전부터 일본은 에너지절약 캠페인을 실시해 전국의 관공서, 사무실 온도를 28도로 하자는 약속에 자발적으로 동참하고들 있으며 누가 지켜보는 것이 아닌데도 어딜 가나 28도를 지킨다. 고온다습한 기후에서 28도는 너무 더워 늘 땀을 흘리며 부채를 들고 다닌다. 한국보다 훨씬 부강한 데도 이렇게 일사불란하게 절약하는 모습을 보면 부럽고, 필자가 근무하는 대학의 행정 사무실 어느 곳이나 23도로 해 놓고 있는 것을 보면 한국은 일본에서 바로 이런 것을 배워야 한다고 느낀다.

필자가 다니던 일본 조오치 대학 화장실에도, 대기업 지방 별장 지역 공동 화장실에도, 문 앞 전등 스위치 위에 "나올 때 끄고 나오세요"라고 글이 적혀 있으며 모두 이를 지킨다. 즉 평소에 꺼져 있으니 나오는 사람은 그 글귀를 보며 자연스럽게 끄고 나올 수 있다. 그런데 한국에서는 평소에 화장실을 환히 밝혀 놓고 절약의식도 부족하며 이런 글귀도 써놓지 않고 어딜 가도 하루 종일 환하게 불을 밝힌 화장실을 많이 볼 수 있다. 현재 필자가 근무하는 S대학 교수회의에서도 필자는 일본의 예를 들어가며 절약하자고 수 없이 이야기하고, 매 학기 학생들에게도 교실을 나갈 때 전등과 에어컨을 끄고 나가라고 강조해왔다. 하지만 학생 혼자 앉아 있는 대형 강의실이나, 혹은 빈 강의실에 전등과 냉방이 켜져 있는 것을 보면 너무 아깝고 안타깝다. 물론 필자는 학교 복도를 지나갈 때마다 빈 강의실에 켜져 있는 전등과 에어컨을 끄지만 학교 내 모든 곳을 돌아다닐 수는 없기에 참으로 안타깝다. 수년 전 학교 살림을 맡은 보직자에게 문서로 건의한 적도 있으나 담당이 바뀔 때마다 건의해도 개선되지 않고, 그렇게 주장해도 아직 많은 사람들의 의식이 절약 수준까지 도달해있지 않는 것을 알기에 그저 안타깝다. 작은 부분이지만 필자의 연구실이 있는 여자 교직원 화장실은 수년간 필자가 화장실을 이용하고 나올 때 전등을 끄고 나온 결과, 소등하는 것이 자연스럽게 정착되어 그나마 다행으로 여긴다.

　　한국의 헬스클럽에서 가장 못마땅한 것은 물을 틀어놓은 채로 이를 닦는 사람, 샤워를 끝내고 나가면서 수도를 꼭 잠그지 않아 물이 줄줄 흐르게 하도록 두고 나가는 사람이 10명 중 반드시 2명 이상이 되는 현실이다. 이는 아직까지 절약하는 습관을 몸에 익히지 않은 한국인이 많이 있음을 보여주는 것이다. 우리의 윗세대는 전쟁을 겪으며 절약하고 사는 습관이 몸에 배어 있었으나, 문제는 내 것은 아껴도 공동의 것은 아끼지 않는다는 데에 있다.

일본 관서 지방의 기업들이 회사직원들의 후생복지 차원에서 갖고 있는 키소고마(木曾駒) 별장지가 있다. 큰 계곡을 끼고 산 속에 있어서 공기도, 경치도 좋은 곳이다. 역에 내리면 바로 오른쪽에 공중 화장실이 있는데 언제 가도 청결하다. 한국도 70년대까지만 해도 관광지의 공중화장실은 불결함의 대명사였으나, 최근에는 지방자치단체의 노력으로 많이 깨끗해졌다.

이와 같은 습관을 통해 절약정신뿐 아니라 그들의 문화의 깊이를 느낄 수 있다. 그들의 문화를 보여주는 또 한 가지 예를 들어보기로 하자.

도쿄 에비스(惠比寿) 역 가까이에 다국적 호텔 체인인 '웨스틴 도쿄'가 있다. 그 주변은 90년대 말부터 2000년대 초에 걸쳐 옛 맥주 공장이 있던 지역을 개발하여 만든 새로운 동네로, 다국적 체인의 웨스틴 도쿄호텔, '가든 플레이스'라는 인텔리젼트 빌딩, 미츠꼬시 백화점 등이 있고, 한국 여행 안내

가든 플레이스 앞 시냇물

옛 맥주 공장 건물이 현재는 맥주 박물관으로 보존되고 나머지 건물들은 개발됨

책자를 든 한국의 젊은 여행자들도 많이 찾는 곳이다. 단지 내의 자연친화적인 인공 시냇가에는 저녁이면 동네 주민들이 유모차에 아기를 태우고 나와 쉬기도 하고, 벤치에 앉아 책을 보는 등 예전의 에비스 역이라고는 생각할 수가 없다.

지난 10여 년간 이와 같이 친환경적으로 개발한 지역으로는 롯뽄기힐즈, 미드타운 등이 있다. 이들 역시 도심에 자리잡아 있으면서도 '職, 住, 商'의 조화를 잘 이루고 있다. 작은 주택과 상가 등이 밀집해 있던 지역을 자연친화적으로 개발하면서 아파트, 호텔, 마켓, 브랜드를 취급하는 부티크, 미술관 등이 어우러져 있고, 단지 내엔 역시 흐르는 시냇물을 배치하여 산책하기 좋은 공간을 만들어놓았다. 또한, 도쿄의 여느 지역과 마찬가지로 인근 지하철역에 인접하여 사는 주민뿐만 아니라 관광객들도 쉽게 접근할 수 있게 되어 있는 것이 한국과 비교했을 때 가장 큰 장점이라고 할 수 있다.

이러한 곳들을 볼 때마다 이게 바로 재개발의 바람직한 모델이라는 느낌이 들며, 한국의 재건축과 비교하곤 한다. 15~20년 되었지만 아직 멀쩡하고 튼튼

저녁 무렵 벤치에 앉아 책 읽는 주민

한 고급 아파트를 평수를 늘리기 위해 초고층 아파트로 지어 주위의 교통 혼잡을 유발하고, 거기다 유행을 따르느라 베란다 없이 높이 지어지는 건물들을 보며 재개발과 재건축의 차이를 느끼곤 한다.

음식은 먹으면 없어지지만, 폐건물에서 나온 콘크리트 등은 썩어 없어지는 것도 아니고, 다 어디로 가는지 그 공해가 어마어마할 것이다.

책임감과 타인에 대한 배려

여느 호텔과 마찬가지로 웨스틴 도쿄에서도 공항에 가는 리무진 버스 서비스를 하고 있다. 어느 날 손님을 다 태운 버스가 호텔 앞 코너를 돌 때, 뒤늦게 한 승객이 나타나는 게 보였다. 우리 버스를 떠

나보내는 업무를 담당한 호텔 벨보이가 버스기사에게 신호를 보내 버스가 멈추고 그 손님이 탑승한 후, 그 벨보이가 우리 버스를 향해 고개 숙여 인사하는 것이 보였다. 즉 버스에 이미 타고 있는 모든 승객에게 '버스를 지연시켜 기다리게 해 미안하다'는 뜻의 사과의 인사인 것이다. 그 벨보이의 모습이 얼마 전 필자가 잘 가는 서울 주재 모 호텔의 주차 관리인의 모습과 너무 대조가 되어 그 일화를 소개하고자 한다.

　필자가 탄 승용차가 호텔에서 나가기 위해 주차비 징수대 쪽 오르막길에 서 있는데, 앞의 차들도 여러 대 서 있는 상태에서 좀처럼 움직이질 않았다. 고소공포증을 가진 필자는 엄청난 스트레스를 받으며 앞뒤 차의 중간에서 오도 가도 못하면서 꼼짝없이 고목나무에 매미 매달려 있듯이 서 있었다. 상당한 시간이 흐르고 주차 안내원들이 몇 대를 이리 저리로 안내하여 이동시킨 후, 이 사건을 야기시킨 차를 발견할 수 있었다. 왼쪽의 내려가는 차선으로 내려가야 할 차가 오른쪽 올라가는 차선과 왼쪽의 내려가는 차선 사이 중간 턱에 아래를 향해 양 다리를 걸치고 있는 게 보였다. 그리고 한참 후, 겨우 나가게 되어 주차비 징수대를 지날 때, 운전대 옆 창을 열고 징수원이 주차카드를 확인하는 동안 필자가 물었다.

　　필자 "어떻게 된 거예요?"
　　주차비징수원 "운전도 못하면서…"

주차비징수원의 …은 '운전도 못하면서 차는 왜 끌고 들어오느냐?'라는, 사건을 야기한 차 주인에 대한 비난이 내포되어 있을 뿐, 영문도 모르고 오랜 시간 지체한 수많은 자동차 주인들(호텔 손님)에 대한 사과는 일체 없었다. 조금 늦게 온 손님으로 인해 1~2분 출발이 늦어진 데 대해 버스 전체 승객에게 머리 숙여 사죄인사를 한 도쿄 웨스틴 호텔의 벨보이의 태도는 일에 대한 책임감, 프로정신을 나타내는데 비해, 한국 M 호텔의 주차비 징수원의 태도에서는 책임감도, 프로정신도 전혀 찾아 볼 수가 없었다.

타인에 대한 배려 면에서 일본과 대조되는 또 다른 한국의 예를 들어보자. 한국의 단골 미장원에서 목격한 경험이다. 어린아이(아마 2~3살로 기억한다)의 머리카락을 잘라주러 그 아이의 엄마, 아빠, 할머니가 함께 미장원에 왔다. 아이가 울기 시작하자 온 가족이 아이를 큰 소리로 달래면서 미장원을 마치 전세 낸 것처럼 온통 난장판으로 만들어 놓았다. 하지만 이 가족은 미장원의 다른 손님들에게는 일체 사과의 말이나 태도를 보이지 않았다.

타인에 대한 배려에 관해 한국의 예를 한 가지 더 들어보려고 한다. 단골로 가는 한의원에서 벌어진 일이었다. 병원에서 흰 가운을 입은 의사만 봐도 우는 2~3살짜리 사내아이를 데리고 아이 엄마와 할머니가 병원에 왔다. 아이의 엄마는 아이가 울자, 아이보다 더 큰 목소리로 소리를 지르며 야단을 쳤다. 후에 간호사에게 들으니 거기서 그치지 않고 우는 아이를 꼬집고 때려 아이가 더 자지러지게 울자 그 아이의 엄마는 더 큰 소리로 악을 쓰며 야단을 쳤단다. 역시 조금 전 예에서 본 것처럼 다른 환자에 대한 사과의 말이나 태도는 전혀 보이지 않았다. 일본 같으면 아이가 울면 조그만 소리로 달래거나 병원 밖으로 데리고 나가 달래서 다시 데리고 들어오는 게 보통인데 그 아이 엄마의 태도에서는 그러한 배려를 찾을 수 없었다.

상기 예들은 철저한 직업의식과 남에 대한 배려가 몸에 배어있는 일본인과 그러한 배려가 일본에 비해 상대적으로 적은 한국인의 특징을 보여준다고 생각할 수 있다.(상세한 내용은 5장 한국인과 일본인의 상호평가 참조)

일본에서 15년간 살면서, 회사 사택에서 산 3년을 제외하고 12년간 임대하여 살며 총 다섯 번 이사를 하였는데, 두 번째 집에서 세 번째 집으로 이사 가는 날은 연말이었기 때문에 지인들도 모두 바빠 사람 손이 부족했었다. 이사 며칠 전 조오치대 친구 키요다상이 이삿날 도와주겠다고 하였지만 짐이 많이 없으니 괜찮다고 했다. 그러나 막상 짐을 싸다 보니 예상보다 짐이 많이 나와 한국인 친구 몇 명에게 부탁하였는데 연말모임으로 모두 어렵다며, 이사 당일 오더라도 끝까지 못 돕고 중간에 가겠다고 하였다. 걱정이 되어 키요다상에게 전화 걸자 키요다상은 필자의 사정을 듣지도 않고 바로 "일손이 필요하죠?"라고 하였다. 그렇다고 하자 이삿날 필자의 집으로 와 이사를 거의 끝까지 도와주어 얼마나 고마웠는지 모른다.

필자가 석사 논문을 작성하던 1984년 당시에는 개인 노트북이나 퍼스널 컴퓨터는 아직 나오지 않았었고, 덩치가 큰 고가의 워드프로세서만 나오기 시작한 때였다. 필자도 400자 원고지에 하루 10장 이상씩 손으로 써서 작성하다가, 틀리면 수정액을 사용하여 고치곤 하는 수작업을 했다. 그런데 필자가 다니던 대학원에서 같은 전공이었던 친구 시바타상(12살 위의 띠 동갑으로 필자보다 1년 먼저 대학원에 들어와 같은 해 졸업)이 T사에서 발매한 워드프로세서로 본인의 논문작성을 끝내고 졸업하면 내 논문을 워드로 타이핑 해주겠다고 했다. 필자가 답례하려고 하자, 원고 파일만 본인이 저장해서 가진다는 조건이라며 그냥 타이핑해주었다. 논문을 타이핑 해준 답례에 대해 필자가 신경 쓸까 하여 본인이 내 파일을 갖는 조건이라며 필자 마음을 편하게 해주려는 그녀의 배려가 고마웠다. 필자는 그 후 만날 때마다 케이크나 디저트 선물 대신 김치나 불고기 양념을 한 저녁 반찬거리를 가지고 가 시바타상이 집안일에 시간 뺏기지 않게 하려고 노력했다. 그 후로도 계속 그 친구가 류마티스 관절염으로 고생하고, 정신적 스트레스로 고생할 때, 필자 나름대로의 배려로 그 때 받은 친절에 대해 은혜를 갚으려고 노력해 왔고, 지금도 친교가 지속되고 있다. 필자 본인의 이야기가 들어가 송구하지만, 이와 같은 배려로 나라는 다르지만 오랫동안 친교가 이어져 오는 인생의 친구를 허락해 주신 절대자에게 감사드린다.

일본인들이 남을 많이 신경써서 배려하는 것은 뒷 장(5장 한국인과 일본인의 상호평가)에서 알 수 있다. 때문에 남에 대한 배려가 없는

데서 나오는 다음 말들을 일본인들은 예민하게 받아들인다. 일본인들이 가장 부끄럽게 여기는 말이 '즈즈시이(ずずしい=염치없다)', '하지시라즈(恥しらず=수치를 모르는)라고 한다. 즉 남에게 내가 어떻게 평가 받는가에 대해 매우 민감하다. 그래서 무라하치부(村八分)라 하여 따돌림을 당하는 것을 가장 두려워한다.

책임감과 타인에 대한 배려는 뒷장에 나오는 공사구분, 프로의식과 오버랩 되는 부분이 많아 구분하여 설명하기가 곤란한 면이 있으나, 여기 4장에서는 타인에 대한 배려를 중점으로 다루고, 5장에서는 공사구분에 중점을 두어 다루기로 한다.

공사구분과 프로의식

조오치 대학원 석박사과정 중 좋은 일도, 보람된 일도 많았지만 그 중에서도 특히 인생의 좋은 친구를 사귄 것이 가장 감사한 일이다. 그러나 친구들을 사귀면서 서로의 의식과 문화가 다른 데서 오는 차이를 많이 느낄 수 있었는데 그 중의 하나가 공사의 구분에 대한 의식차이였다.

필자가 박사논문 참고 자료 수집 차 1980년대 중반 여름방학에 한국 국회도서관에 한 이틀 정도 꼬박 다닌 적이 있었다. 여자 직원은 아침에 출근하자마자 국회도서관 수화기를 들더니 말도 잘 못 알아듣는 듯한 어린 조카에게 전화를 걸어 "나 이모야, 이모 ○○(조카이름)야, 밥 먹었쪄?"하며 그 방의 모든 이용자들에게도 다 들리도록 큰 소리로 통화하였다. 그러면서 복사는 한 번에 두 건 이상은 안 된다고 하여 필자가 그 다음날 다시 도서관에 가게 만들었다. 이렇게 공과 사를 명확하게 구분 짓지 않는 사례를 삶의 도처에서 경험할 수 있다.

귀국 후 인테리어 공사를 하는데, 업주는 거의 매일 공사 현장인 필자의 집에 도착하자마자 전화기를 빌려달라는 양해도 구하지 않고 바로 필자 집의 수화기를 들어 "어, 거기 있는 해머 들고 와, 줄자 들고 와" 하며 통화를 하였다. 공사에 필요한 공구를 미리 챙겨오지도 않고, 전화사용에 대한 양해도 구하지 않는 것을 보며 공과 사의 구분에서 한국과 일본의 의식이 매우 다른 걸 느꼈다.

조오치 대학원 중 본인이 전공한 외국어학부 언어학 전공은 가장 입학하기 어려운 전공으로, 전용 도서실을 가지고 있을 정도로, 소위 말해 간판 전공 중 하나였다. 도서실을 겸한 연구실 이용은 교직원과 전공 대학원생들만 하게 되어있고, 외부인은 특별 허가를 거쳐 출입증을 소지해야만 도서실을 이용할 수 있었다. 필자는 2년의 석사 과정과 5년의 박사과정 재학 중엔 정식 학생증으로 출입했으나, 박사 과정 수료 후 학위논문을 쓸 때에는 정식 출입증이 없어 직원들이 퇴근하기 전인 5시까지는 이용할 수 있었으나 그 이후엔 이용이 불가능했다. 물론 특별 출입증은 신청하여 만들면 되었을 터인데, 어차피 연구실은 중앙 도서관 내 개인 연구실(언어학 연구실과 같은 층)을 빌려 쓰고 있었고, 7년간 같이 공부한 후배들이라 참고도서 이용 차 연구실을 가끔 드나드는 건 괜찮으리라 여겼다. 그러나 그건 역시 공과 사에 대한 인식 차이라는 걸 깨닫게 되었다. "申상은 지금 못 들어오는 시간인데 들어왔다"라며 일본인 후배들끼리 얘기하는 소리를 듣게 되었다. 물론 그렇게 말한 후배가 성격도 별로 원만하지 않은 점도 있었으나, 필자와 그 후배 사이에 공과 사의 인식 차가 존재함은 틀림없었다.

직원들이 근무시간 중 사무실 전화를 사용하여 사적인 일을 하는 것을 석박사과정 7년간 단 한 번도 본 적이 없다. 아마도 사적인 용건은 쉬는 시간에 지하 공중전화를 이용했을 것이다. 앞서 얘기한 국회도서관의 여직원처럼 사무실 전화를 개인용으로 사용하는 것은 대학원의 다른 층, 다른 사무실에서도 일체 볼 수가 없었다. 이와 같은 공사구분이 분명한 것은 프로의식이라 말할 수 있고, 그 구분이 잘 안 되는 상기 국회도서관 직원은 프로의식이 희박한 것으로 해석할 수 있다.

부모들이 아이들의 유치원 피크닉에 가서, 직장동료가 있더라도 가족끼리만 식사를 하는 모습이 한국과 다르다고 느꼈는데 그 역시 공사 구분을 나타내는 행동으로 판단할 수 있다.(2장 아이들의 유치원 생활 참조)

이제까지 일본인의 의식구조를 다섯가지 항목으로 나누어 살펴 보았다. 이 외에 일본인의 의식을 '축소지향'이라는 관점에서 분석한 이어령(1989, 2010)을 소개하고자 한다. 이어령은 저서 '축소지향의 일본인'에서 일본의 다양한 사물을 관찰하여 일본인의 의식을 절묘하게 표현하고 있다. 자연을 축소하여 정원으로, 꽃꽂이를 통해 방 안으로, 소중한 세 가지를 장식하는 도코노마(방 안에서도 하이라이트가 되는 위치)로 점점 축소해가는 성향을 면밀히 관찰하여 상징적으로 분석, 해석해가는 솜씨는 과히 탁월하다고 말할 수 있다. 이어령은 다양한 일본의 사물, 일본인의 의식, 행동, 역사적 사건 등을 관찰하여 '축소지향'의 키워드로 기술하고 있다. 내용의 적절성과 타당성은 물론이고, 세심하고 주의 깊은 관찰과 다방면의 지식으로 하나 하나 검증해 나가는 주도면밀성과 탁월한 표현력을 높이 평가할 수 있다.

필자의 졸문이 일본에서 오랜 기간 살면서 느끼고, 경험한 것에 기초를 두어 이해하기 쉽고, 실제 상황에서 일본인들과 교류해야 할 사람들에게 실질적 도움이 되는 것에 목표를 두었다면, 이어령은 공부가 되는 책이다. 일본 식민지시대에 유소년기를 지낸 저자는 해박한 일본학 지식을 토대로 다양한 일본적 특징을 관찰하여 '축소지향'으로 풀이하고 있다.

한국인들이 해외 수주까지 받아가며 크고 튼튼하고 멋진 건물을 단시간에 지을 수 있는 능력을 지닌 데 비해 물건의 마무리를 야무지게 못하는 경향을 많은 한국인들이 지적하곤 한다. 한편 일본인들이 작을수록 잘 만들고 마무리를 야무지게 하는 게 늘 대조가 되었다. 이러한 한국인의 특징을 이어령에서 조목조목 밝힌 일본인의 '축소지향'과 대조적으로 '확대지향'이라고 해석할 수 있지 않을까?

일본에서는 동 업종끼리 사람의 호칭에 붙는 ~상(さん)을 붙여서 부르는 경우가 많다. 예를 들어, 예를 들어, 미쓰코시 백화점 직원은 다카시마야 백화점을 지칭할 때 ~さん이라고 부른다. 마찬가지로 마쓰시다(상품브랜드 '나쇼날'로 알려진) 직원은 토시바 기업을 지칭할 때 토시바さん이라고 부르는 경우이다. 일본인들이 특별히 정이 많아 기업을 사람같이 느끼는 건 아닐 테고, 무슨 현상일까? 이렇게 한 기업을 의인화(擬人化)해서 부르는 것도 거대 기업을 사람으로 축소시켜 대하는 현상으로 확대해석 할 수도 있을 것이다.

여기서 일본인들의 정서적 특징을 잘 나타내는 몇 가지 예를 들면서 이 章을 마무리하고자 한다. 록히드 사건으로 유명한 다나카 전 수상시절 日中국교정상화를 기념하여 중국에서 판다 한 쌍을 선물로 보내왔다. 이 판다 한 쌍은 일본국민들로부터 대단한 사랑을 받다가 병이 걸려 죽게 되었다. 그 시기는 박대통령 서거와 그리 멀지 않은 시기라 극명하게 대조되어 지금도 선명하게 기억하고 있다.

신문에서 박대통령 서거에 대해서는 "朴大統領死殺される(박대통령 사살되다)"라고 톱 뉴스로 다뤄지고, 한편 판다의 죽음은 "(판다 이름)ちゃん(귀엽게 부르는 호칭 어미)亡くなる(돌아가시다)"라고 더 높은 레벨의 술어로 역시 톱 뉴스로 다뤄졌다. 물론 '사살'이라는 게 사실을 그대로 기술했음에 틀림없지만 더 높고 공손한 레벨의 표현도 가능하지 않았을까라는 생각에 한국에 대한 당시 일본인의 감정이나 평가를 엿볼 수 있는 사건이었다. 참고로 '사망'을 표현하는 술어가

여럿 있고, 낮은 레벨부터 높아지는 순서로 소개하자면 다음과 같다. 死ぬ(죽다), 死亡する(사망하다), 亡くなる(돌아가시다), 逝去される(서거하다) 등이 있다. 부정적인 표현에 '구타바루(くたばる)'도 있다.

그리고 얼마 후 황궁 앞 냇물에 살던 물오리가 새끼들을 데리고 냇물에서 올라와 차도를 건너는 사건이 벌어졌다. 차들이 올 스톱하여 피하는 건 물론이고 신문과 뉴스에서 며칠간 대서특필하는 걸 보면 일본인들의 동물 보호나 따뜻함을 나타낸다고 할 수 있으나 어떻게 보면 호들갑으로 느껴지기도 한다. 이렇게 다정다감한 사람들이 아시아 태평양 전쟁 시 어떻게 이웃 나라 사람들에게 그렇게 잔인한 행동을 할 수 있었을까 생각할 때마다 헷갈리기까지 한다.

이해할수록
잘 보이는
日本

4

현대 일본을 만든 원동력 :
더불어 살기

이 해 할 수 록 잘 보 이 는 일 본

현대 일본을 만든 원동력 :
더불어 살기

문화 접촉과 의사소통 능력

일본어를 익히는 방법에는 크게 나누어 두 가지가 있다. 하나는 학교나 학원, 혹은 가정교사에게 배우는 방법과 그 나라에서 살면서 생활 속에서 몸에 익히는 방법이다. 전자를 외국어 학습(learning of the foreign language)이라 하고, 후자를 제2 외국어 습득(acquisition of the 2nd language)이라고 한다.

외국에 가서 살면 대부분의 경우, 현지 커뮤니티 속에서 생활하면서, 그 나라 언어를 익히는 것이 보편적이다. 혹, 외국에서도 화자와 같은 언어를 사용하는 모국어 커뮤니티 속에서 사는 경우도 있으나, 그 나라 언어를 습득하기 좋은 환경은 역시 그 나라 사람들 속에서 섞여 사는 것이다. 필자가 일본에서 처음 산 곳은 같은 아파트나 아파트 인근에 사는 거의 대부분의 주민들이 일본인인 곳이었다. 또한 도착 이듬해에 들어간 아이들의 유치원도 160명 중 필자의 아이들을 제외하고는 158명이 일본인이었다. 이렇게 현지 커뮤니티 속에서 생활하는 환경이 모국어 집단 속보다는 그 나라 언어를 습득하기엔 더 유리하다고 할 수 있다.

필자는 생활과 생존에 필요한 기초 일본어는 한국에서 익히고 갔지만 짧은 기간 내에 배운 터라 일본생활 초기에는 기본형만 알지 활용형의 운용이 어려웠다. 그래도 실제 상황 속에서 문제를 해결하며 일본어를 익히다 보니 자연스레 일본어 운용이 몸에 배게 되었다. 즉 필자가 일본어를 익힌 방법은 제2 언어 습득에 가까웠다고 할 수 있다. 예를 들어 일상 속에서 만나는 일본인들과의 대화를 통해 '말하기'와 '듣기'를 익혔다. 또한 아이들 유치원에서 매달 실시하는 목요강좌에 한 번도 빠짐없이 참가함으로써 '듣기'를, 또한 TV 시청을 통해 '듣기'를, 일본 신문을 해석하며 열심히 읽음으로써 '읽기'를, 여행지에서 묵은 여관 주인에게 감사장을 보내고 지인들에게 연하장을 보냄으로써 '쓰기'를 익혔다. 즉 기회가 있을 때마다 열심히 말하고, 듣고, 쓰고, 읽음으로써 일본어를 숙달시켰다고 할 수 있다.

이러한 방법으로 일상생활 속의 상황 별 일본어를 자연스레 익히는 것은 물론이고, '이러한 상황에서는 이렇게 행동하고 이렇게 말한다는 것'을 깨닫고 익힘으로써 그 나라의 문화에 대한 이해력도 함께 높일 수 있었던 것이다. 일본인들은 연말이 되면 11월경부터 미리 지

인들에게 보낼 연하장을 작성하여 우체국에 가져가 표시된 상자에 넣는다. 그러면 1월 1일 아침에 전국 방방곡곡 지인들에게 그 연하장들이 일제히 배달된다. 그 해에 상(喪)을 당한 경우에는 미리 그 사실을 간단히 엽서로 알려 연하장 주고 받는 것을 생략한다는 풍습도 연하장을 보내면서 자연스레 터득하게 된 풍습 중 하나이다. 일본에서 생활하기 시작한지 두 달 정도 후 한국에서 시부모님이 오시게 되어 기쁜 마음에 아파트 지인들에게, "다음 주 시부모님이 오신다"고 자랑하니, 만난 사람 모두 예외 없이, "大変ですね(taihengdesune = 힘드시겠네요)"라고 하였다. 시부모님과의 관계에 따라 "좋으시겠어요", "반가우시겠어요", "힘드시겠어요" 등 다양한 반응이 나올 법도 한데 모두 천편일률적인 반응을 보였다. 병원에서 만나는 사람들, 즉 간호사, 의사, 약사, 원무과 직원, 병원 정문 수위도 모두 같은 표현으로 "お大事に(odaizini = 몸 조심하세요)"라고 한다. 즉 일본에서는 정해진 상황에서 패턴화된 말을 사용하는 경우가 많이 있다. 이렇게 상황 별 언어 사용법을 통해 그 나라 문화와 '의사소통 능력', 즉 '언제, 어디서, 누가, 무엇을, 어떻게 적절하게 구사하는가' 하는 능력을 익히게 되는 것이다.

    사람들로부터 어떻게 하면 외국어를 빠른 시간에 잘 할 수 있게 되느냐는 질문을 많이 받는다. 그 답은 이미 언급한대로 열심히 말하고, 듣고, 읽고, 쓰고 하면서 숙달하는 것, 그리고 열심히 경험하는 것과 책을 많이 읽는 것이다. 제2 외국어 환경에서 많은 원어민을 만나 그들의 이야기를 듣고 이쪽에서 도울 수 있는 것을 도우면서, 그들의 문화도 배우고 인격적으로 가까워지는 것이다.

아이들이 다녔던 유치원은 일본그리스도교 유치원으로, 1층에는 유치원이 있고 2층에는 예배당이 있었다. 매주 수요일 성서 연구반을 신청하면 기도와 교재를 읽는 것으로 예배를 시작하였다. 첫날 자기소개 시간에 필자가 한국 교회에서 女전도회장을 했다는 소개 때문인지 개회기도를 부탁 받았다. 이에 일본말로 기도해 본적이 없다고 하니, 한국말로 해도 영적으로 통하기 때문에 괜찮다고 하였다. 열심히 일본어로 기도를 시작했더니, 처음 몇 주는 서툴렀으나 점점 숙달될 수 있어서 감사드렸다.

예배 때는 앉은 순서대로 교재를 읽었다. 그런데 일본인 담임 목사님 며느리는 예습을 안 해 왔는지 꼭 내 옆에 앉아 자기 순서가 되면 내 옆구리를 쿡 찔러서 내가 작은 목소리로 가르쳐 주곤 했다. 그 며느리는 필자가 한 번도 탄 적이 없는 자전거를 산다고 하니, 자기의 자전거로 연습하고 나서 사라며 나를 공원으로 데려가 연습을 시켜주었다. 일본에서는 병원, 동네 시장 등이 모두 멀어 일본인들, 특히 주부들은 자전거를 애용한다. 자전거에 앞뒤로 바구니를 두 개 달아, 앞에는 어린 자녀, 뒤에는 큰 자녀를 앉히고, 못 가는 데가 없을 정도로 자전거는 필수품이다. 공원 안을 몇 바퀴 도는 동안 그 며느리는 필자가 안심할 수 있도록 계속 자전거를 뒤에서 잡아주며 뛰었다. 덕분에 필자는 안심하고 계속 자전거를 탔는데 연습이 끝난 후에 들어보니 몇 바퀴를

도는 중간에 그녀가 필자더러 잘 탄다고 했을 때, 잡아준 덕분이라고 대답하니 그 후부터는 잡지 않고 그냥 쫓아서 뛰어왔단다. 즉 필자를 안심시키기 위해 발소리를 내며 계속 뒤에서 쫓아와 준 것이다. 그 마음이 고마웠는데, 그후 필자는 그 며느리에게 일본성경 시간에 읽는 것을 가르쳐줌으로써 은혜를 갚았다.

일본어는 처음 배울 때는 어순이 같고 조사도 있고, 한자도 사용하여 다른 언어에 비해 상대적으로 쉽게 느껴지지만, 레벨이 높아질수록 한자 읽기에 부딪힌다. 한 가지 한자를 음으로 읽을 때와 훈(뜻)으로 읽을 때가 다르고, 고유명사 등의 발음이 어렵고, 특히 특수한 단어나 어휘가 많아 일본인이라도 예습을 안 해오면 읽는 데 애를 먹는 경우도 있다. 때문에 예습을 해간 필자가 그 며느리를 도와줄 수 있었던 것이다. 이렇게 서로 도움을 주고 받으며 친구도 사귀고 공부도 하고 자전거도 배우면서 친구들의 네트워크를 넓혀갔다.

아이들 유치원 학부형들 중에는 유치원 옆 공무원 단지에 사는 고급 공무원 부인들이 많이 있었다. 한번은 그녀들이 김치 담그는 법을 가르쳐 달라고 하여, 아이들을 유치원에 보낸 직후, 나중에 유엔 대사를 지낸 HG상 집에서 김치 강습회를 열었다. 아마 10명 이내의 학부형들이 모였던 것으로 기억한다. 서울서 가져온 고춧가루에다가 일본 현지에서 산 배추, 무, 파, 마늘, 생강을 사용하여 재미있게 강습회를 가졌다. 며칠 후 목사님 며느리를 유치원에서 만나니, "申상이 넣은 고춧가루의 양만큼 일본고추를 넣어 김치를 담았다가 입 속에서 불이

나서 혼났다"고 얘기했다. 일본고추는 매우 작고 엄청 매워서, 적당히 매운데다 단 맛도 나는 한국 고추와는 많이 다른데, 배운 대로 한다고 한국 고춧가루의 양 만큼 듬뿍 넣었으니 얼마나 매웠을지 '입에서 불이 났다'는 표현이 짐작이 간다. 즉 작은 고추가 매웠던 것이다.

타 문화권 사람들과 어울려 살기

일본에 살 때 아이들이 그리스도교 유치원에 다녔는데 바로 가까이에 공무원 단지가 있었다. 그래서 학부형 중에는 호무쇼(法務省 = 법무부), 몬부쇼(文部省 = 교육부), 가이무쇼(外務省 = 외무부)를 다니는 젊은 엘리트 들이 많았다. 그런데 그 유치원 학부형 중 적지 않은 사람들이 "한국에 자유롭게 갈 수 있나요?"라고 물었을 때의 내 심정이 지금도 기억이 난다.

저녁 9시 NHK뉴스에서 거의 매일 민주화 깃발 아래 학생들이 데모하고, 화염병 터트리고, 최루탄 쏘는 것을 한국뉴스로 비춰주었다. 그런 뉴스를 보며 일반적인 일본인들은 한국을 지금의 중동같이 전쟁터로 생각하곤 했을 것이다. 필자가 일본에 건너간 70년대 말에는 일반적인 일본인들은 그 정도로 한국에 대해 몰랐던 시대였다. "한국에서는 중국 글자인 한자를 써요?"라는 질문도 받았었다. 70년대 말~90년대 초반까지 TV에서 가벼운 오락 프로그램을 보며 세계 속의 한국의 위상에 대해 생각하곤 했다. 일본의 오락 프로그램(4.8.10.12번 채널이 그 당시 민방이었다)에서 사람들이 마이크를 들이대고 "중국이 어디 있어요?"라고 물어보면 중국은 거의 알았으나, 한국이 어디 있느냐고 하면 사람들이 엉뚱한 곳을 짚었다. 70년대만 해도 외국을 가면 중국인, 일본인이냐는 말을 듣곤 했다. 일본은 잘 살고, 중국은 땅이 크기 때문에 우리가 묻혀 들어간 부분도 있다. 이렇게 88올림픽 전까지만 해도 일본의 젊은이들에게 한국은 관심 밖의 대상이었다.

필자가 처음 일본에 가서 살며 한일간의 상호 이해에 대해 느낀 것을 표현한 단어가 있는데 바로 '三無'라는 것이다. 평소에 전공분야인 한국과 일본의 언어와 문화에 대해 비교강연을 여러 번 했는데, 그 강연에서 일본인의 특징으로 '三無'에 대해 자주 이야기 하곤 했다.

無知 - 일본인들은 한국에 대해 너무 모른다. 학교에서 역사시간에 서양사만 일년 내내 가르치다가, 그들이 피해를 준 동남아시아 역사는 연말 짧은 시간에 후다닥(일본친구표현) 가르친다고 한다. 니혼 죠시다이카쿠(日本女子大学)라는 좋은 대학에서 역사를 공부한 일본 친구에게 들은 이야기다.

無關心 - 비록 학교수업을 통해 배우지는 못했어도 역사에 관심만 있으면 독서에 열심인 일본인들로서 역사책을 사서 읽으면 되는데도 관심이 없기 때문이다.

無神經 - 백화점이나 큰 상점가에 가면 하늘에 여러 나라 국기나 비닐

로 된 조화들을 달아 놓는데 처음에 일본에 가서 저녁에 시장을 볼 때, 상점가에 갈 때마다 머리 위를 올려다보곤 했다. 일본과 거리상 멀리 떨어져 있고, 일본 내 그 나라 사람들도 비교적 적게 체재하는 나라들의 국기는 달려있으나, 일본 내에 외국인으로서는 가장 많이 사는 한국의 태극기는 걸려있지 않곤 했다. 체류자뿐만 아니라 여행자 수도 타 외국에 비해 상대적으로 많아 일본 물건을 사가는 액수도 가장 많으련만, 이런 현상을 無神經으로 불렀다.

음식을 만들어 손님 초대하는 걸 좋아하는 필자는 일본에 15년 간 체재하면서 손님 초대를 자주한 편이었다. 그 바탕에는 나름대로의 한국과 일본의 우호증진을 도모한다는 의식도 있어서 늘 양국 지인을 함께 부르곤 했다. 즉 한국인 지인을 부를 때 일본인 친구를, 일본인 지인을 부를 때 한국인 친구를 함께 초대했다. 필자가 만든 음식을 먹으며 함께 음식 만드는 방법을 얘기하는 등 자연스레 좋은 만남의 장이 만들어지곤 했다. 일본 친구들은 필자가 만든 김치를 마켓에서 산 것보다 맛있다 하면서 평소 필자 식구 모두가 한 끼 먹는 양을 합친 것보다 훨씬 많이 들곤 했다. 그들 중에는 필자 가족을 초대해 준 친구들도 있어서 자연스레 일본 음식 만드는 법을 배우는 장이 되기도 했다. 그러나 일본인은 평소 손님을 초대하는 일이 드물며, 주로 외국에 나가 산 경험이 있는 친구들 정도에게서 손님 초대 풍습을 볼 수 있었다.

또한 같은 종교를 갖고 있는 친구들이 다른 일본인들에 비해 마음을 열어 주고, 소통하는 기회가 더 많았다. 그들은 뉴스를 보면서 당시의 일본 총리가 비춰지면 "저 사람 안 된다"라고 하며 스스럼없이 그들의 속내를 들려주곤 했다. 그러나 친구 사이가 아닌 일본인들 사이에 터부시 되는 두 가지 주제가 종교와 정치라고 들었고, 복음 전도를 할 때도 열심히 준비 기도를 한 후에 하곤 했다. 일본주재 15년 동안 가깝게 지내고 일본에 갈 때마다 반갑게 만나 교류를 지속해오던 전 오쿠라쇼 차관 부인인 H상을 드디어 2008년 7월 도쿄에서 개최된 한국 교회 전도집회에 초대하여 다음날 열심히 복음전도를 하였다. 그를 껴안고 뜨겁게 기도하고, 그는 눈물을 흘리며 '아멘'으로 화답함으로써 주의 자녀로 거듭났다. 이러한 복음 전도를 통해 그가 구원받도록 필자가 축복의 통로로 쓰임 받음을 감사드린 감격의 순간이었다. 그를 처음 만난 지 31년 만에 맺은 결실이었기에 이 순간을 예비하신 주님의 섭리에 감사 드렸다. 일본인들은 모계사회로 H상이나, N상 모두 친정어머니와 산다. N상의 시부모는 N상 시누이가 모시고 사니 그 역시 친정어머니와 사는 것이다. 물론 간혹 시어머니와 사는 예도 보인다. 현대사회에서는 핵가족이 주류를 이루지만, 그렇지 않은 경우 중에 친정어머니를 모시고 사는 일본인들을 인터뷰해 보면, 그 쪽이 모시는 딸이나 함께 사시는 친정부모님께 편하지 않느냐고 아주 자연스럽게 대답한다. 시어머니는 그의 시누이가 모시고 있어서 그들 역시 며느리와 사는 것보다 편하다고 한다.

명절 때마다 부모님을 찾아가느라 온 나라가 교통 대란을 이루는 한국과 달리 그들은 명절 때 부모님을 찾아가는 집은 거의 볼 수가 없다. 아이들 방학 때 간혹 방문하는 걸 보고 알아보면 친정부모님께 찾아가곤 한다. 장례 문화는 매장보다 화장이 많고, 납골함을 동네 신사(神社)나 가까운 절이나 공원묘지에 모시는 경우가 많아 양력 8월 15일에 성묘(墓参り)를 갈 때도 지하철이나 기차 등을 이용하여 다녀오기 때문에 교통대란이 안 일어난다. 다만 전 천황인 쇼와(昭和)의 생일인 4월말부터 5월 8일 사이에 어린이, 어버이날을 포함한 징검다리 휴일을 연이어 쉬는 긴긴 연휴를 일본인들은 황금연휴(ゴールデンウィク)라 하는데, 이때에는 가는 곳마다 붐벼 기차도, 온천지 여관도 미리 예약하지 않으면 고생을 하게 되고 고속도로도 많이 밀린다. 그러나 젊은 사람들이나 조금 여유 있는 사람들은 해외여행을 많이 나가 한국, 아시아 여러 나라들이 여행 특수를 누리는 현상도 보인다. 신칸센이나 온천지 여관도 비싸 국내여행보다 해외여행 비용이 저렴한 것이 해외여행을 선호하는 이유 중 큰 비중을 차지하고 있다.

사람 사는 곳은 어디나 인간관계

일본에서 제일 처음 맺은 인간관계는 역시 이웃과의 관계였다. 같은 아파트에서의 이웃관계는 아이들의 왕래로 인해 시작되었으나, 이사로 인해 거의 끊겼다. 4년 후 조금 떨어진 곳으로 이사한 후에도 만난 사람은 C상 정도였다. 아이들의 헤이안 유치원 시 가까워진 H상과는 자주는 못 만나지만 지금까지 연락하며 지내고 있으며 2년 전에는 복음전도를 통해 정신적으로 더욱 가까워졌다. 4년 후 필자가 석사과정에 입학하면서 이사간 곳은 시내로, 아이들 학교와 필자의 대학원과도 가까운 곳이었다. 필자는 이곳에서 집안 살림과 석사과정 공부로 바빴고, 아이들도 초등학교 친구들과 놀았기 때문에 이웃과의 접촉은 양 옆집과 관리인 부부 정도였다. 필자 역시 공부하며 대학원 친구들과 가깝게 지내느라 같은 아파트 주민과 가까워지기에는 시간적, 물리적 한계가 있었다.

조오치 대학원 친구들 중에서도 크리스천 친구인 키요다상, 필자처럼 가정부인으로 대학시의 전공을 바꿔 대학원 입학을 한 시바타상, 두 사람과는 지금까지 가깝게 지내고 있다. 물론 물리적 공간도 떨어져 있고, 시간적 여유도 부족하여 1년 365일 만날 수 있는 것은 아니지만 드물게나마 서로의 나라를 오가며 왕래하고 있다. 조오치 시절 가까워진 많은 친구들 중에 기억에 남는 두 분은 이미 고인이 된 로보 신부님과 나가시마 수녀님이다. 로보 신부님은 입학 시 필자가 다른 전공을 택하고 싶어하자 언어학을 공부하면 나중에 모두 다 할 수 있다며 권하시어 오늘에 필자가 있게 한 분들 중 한 분이시다. 젊을 때 스페인에서 조오치 대학으로 오시어 30여 년을 언어학을 가르치시다 은퇴하셨다. 그 후에도 신부님이 수도원에 계실 때는 필자가 일본에 갈 때마다 신부님을 방문하곤 했는데 말년에 잠시 치매를 앓다가 돌아가셨다 하여 가슴이 아프다.

또 한 분 가장 기억에 남고 존경하던 분이 나가시마 수녀님이다. 살아있는 천사 같이 순수한 마음과 맑은 영혼을 가지신 분으로, 은퇴 후에는 뉴욕 메리놀 수도원본부에서 병든 은퇴 수녀님들을 돌보다 본인께서 암으로 돌아가셨다. 작고하기 일 년 전 뉴욕 여행시 전화로 장시간 통화한 것이 마지막으로, 해마다 11월이면 일착으로 날아오던 크리스마스카드가 안 와서 편지하니, 수술하셨다는 본인이 쓴 장문의 편지를 받았다. 병문안을 가겠다고 기도문과 함께 답장을 띄움과 동시에 뉴욕 주재 남편 후배에게 병원에 연락하여 면회날짜를 잡아달라고 부탁하고 연락을 기다리던 중, 수녀님께서 돌아가셨다는 소식을 듣고 얼마나 울었는지 모른다. 바로 뉴욕으로 가 메리놀 본부를 방문하여 그 수녀님과 가깝게 지내셨다는 일본인, 미국인 수녀님들 손을 잡고 기도하던 게 엊그제 같은데 벌써 8, 9년의 시간이 흘렀다. 필자의 아이들이 방학 때 다니러 왔다가 미국으로 들어갔다는 말씀을 드리면 당신이 먼저 눈물이 글썽글썽해지시는 분이셨다. 일본에서 태어나셨으나 미국에서 성장하여 일본어보다 영어가 더 편한 분이셨다. 정서적으로도 일본인의 예의 바름과 수도자로서의 선함을 지니면서도, 너무 격식에 치우치거나 자칫 폐쇄적이기 쉬운 일본인의 역기능적인 면을 찾아볼 수 없는, 한마디로 말해 '살아있는 천사' 같은 분이셨다. 생각날 때마다 너무 그립고 아까운 분이다.

또 한 분은 석박사과정의 지도교수를 해주시던 이케가미 선생님이다. 도쿄대 교수를 하시면서 조오치 대학에서 수년 간 '의미론' 강의를 해주시던 분으로 실력과 인격을 겸비한 분이시다. 선생님께서는 부족한 필자를 높이 평가해주셨다. 정년퇴임 후에는 쇼와여대로 옮기시어 75세가 된 지금까지도 학교에서 중책을 맡고 계시며, 필자의 대학과 쇼와여대의 협정에도 조용히 지원을 하고 계신다. 학문적으로도 저명하신 분으로 수많은 연구업적 면에서도 국제적으로 인정받는 분으로, 학문적으로 많은 영향을 받을 수 있었던 것을 감사하게 생각한다.

이웃들과의 관계에서 기억에 남는 것은 '한일문화는 비슷한 것 같으면서도 다르다'는 것이다. 처음 보면 얼굴색도, 먹는 쌀밥도, 된장국도 비슷하여 위화감 없이 편하다. 그러나 같다고 생각하니 실망도 컸다. 왜? 역시 두 나라 사람의 의식이나 사고방식이 다르기 때문이었다. 한국인들은 당시만 해도 정이 많고 집에 부르는 것을 좋아하여 나 또한 아이들을 데리러 온 엄마들을 집으로 들여 차대접을 하곤 했다. 그러면 그들도 돌아가며, "이번엔 우리 집에도 오세요"라고 한다. 하지만 날짜와 시간을 정하여 실제로 부르는 경우로 이어지는 경우는 거의 없었다. 유치원 학부형 중에 친해진 도호쿠(농촌) 출신의 KY상도 도쿄에 와서 살면서 그런 문화의 차이를 느꼈다고 하며, 자기 집에 오라고 하면서도 실제로 초대하지 않는 종류의 인사는 도쿄인들의 상투적인 인사법이라고 했다. 물론 개인적으로 한국에서부터 소개받아 와서 가족간의 친분으로 친해진 이토상 가족과는 여러 번 서로의 집으로 오고 가고 여행도 함께 할 정도로 가깝게 지냈고, 지금까지도 서로 왕래하며 지낸다. 외국생활을 경험한 일본인들은 이렇게 손님 초대하는 문화도 지니고 있으나, 국내에서만 거주한 대부분의 일본인에게서는 손님 초대하는 문화가 거의 보이지 않는다. 반드시 집이 좁아서만은 아니고, 그들의 문화 특징 중의 하나라고 할 수 있다.

예전에는 이사하면 양쪽 집과 맞은 편 집에 작은 선물을 돌리는게 이사 예법이었다. 요즘은 혼자 사는 사람들이 많아 서로 누가 옆집에 사는지도 모르고 지내는 세상이 되어, 이웃과의 인사나 왕래는 보기 힘들어졌다. 공동주택은 젊은 사람들이 많이 사는데 맞벌이 부부가 많은데다 그 세대는 그런 예법에 익숙지 않고, 아침에 나갔다 저녁에 돌아오다 보니 서로 만날 일도 거의 없는 것 같다. 이렇게 인사를 안 가도 아무도 뭐라 하는 사람이 없는 것은 역시 아파트에서나 가능한 일이다. 외국인이 가장 살기 힘든 곳이 단독주택이라고 한다. 동네 이웃들의 눈치와 견제가 힘들어 결국 이사를 가고 만 젊은 외국인의 예를 보면서 느낄 수 있듯이, 들고나는 것이 눈에 띄는 단독주택에서는 쓰레기 버리는 요일과 방법까지도 이웃들이 참견들을 한다고 한다.

인생에 맑은 날만 있는 것이 아니듯 즐겁고 유쾌한 경험만 있는 것은 아니다. 지금은 한일양국 무비자 입국이 가능해졌으나 70년대~80년대 전반까지만 해도 외국인 등록을 일 년에 두 번씩 갱신해야 했다. 그러다 80년대 후반부터 일 년에 한 번 하다, 지금은 3년에 한 번으로 외국인들에게 조금씩 관대해지는 쪽으로 가고 있다. 80년대 초반에 대학원 입학을 한 필자로서는 초등학교 다니는 두 아이 키우랴, 석사과정 공부하랴, 이래저래 쫓기다 보면 반년에 한 번, 그것도 입국을 4월에 하다 보니 4월, 10월 신학기 초마다 가장 바쁜 시기에 갱신을 해야 했다. 정신차리고 기억한다 했는데도 하루 정도 늦은 날이 딱 한 번 있었다. 당시는 출입국관리사무소도 도쿄 중심에서 벗어난 외진 곳에 있어서 역에서 내려 택시를 타고 가야 했는데 운 나쁘게 담당 입국관리사무소 직원이 속이 좁은 사람이었다. 아이들을 데리고 4월에 입국하였기 때문에 늘 아이들 것도 함께 갱신해야 했는데, 갱신이 지연된 사실만 지적을 하면 될 것을, "아이들 어머니로서 책임이 있지 않느냐?"는 취지의, 일종의 교육시키려는 성격의 도를 지나친 발언을 하였다. 이에 화가 난 필자는 목소리는 안 높이되 냉정한 어조로 항의했더니 미안하다는 사과는 받았으나 분이 식지 않았다. 그러나 집에 돌아오며 머리를 떠나지 않는 한 영화의 대목을 생각하며 스스로를 달랬다. 유태인 학살을 다룬 영화 '홀로코스트'에서 주인공이, "내가 좋아하는 베토벤이 태어난 나라인데…" 하며 독일에 대한 증오심을 눙치려고 노력하는 대목을 생각하면서, 그 직원이 잘못한 것이지 일본인 모두가 잘못한 것은 아니라고 본인에게 타이르며 "내가 좋아하는 H상이 있는 나라인데…" 하며 평정심을 찾으려고 노력했다.

그러나 인사성 밝은 건 누가 뭐라 해도 그들의 장점임에 틀림없다. 아침에 같은 아파트 엘리베이터에서 만나면 어른, 아이 누가 먼저라고 할 것 없이 모두, "おはようございます。(아침인사)"라며 인사한다.

그러나 요즘 도쿄 시내 고급아파트 같이 다국적 비즈니스맨들이 사는 곳에서는 서로 아무 말도 안 하고 타고 내리는 것을 보면 일본 속의 다른 나라 같다는 생각이 든다. 단일민족에서 국제화로 가면서, 그렇다고 외국인들에게 "Hi!"하고 인사하기까지 오픈되지 않은 어정쩡한 변화기인 것 같다.

처음 사귄 사람은 복도 바로 맞은편 한국 모 회사 지점장 부인 M씨와 그 가족으로, 도일하고 2년간 외롭게 지낸 그 부인(필자보다 2살 위)은 필자가 자기 동생 같다며 싹싹하게 대해주어 도착한 날부터 가깝게 지냈다.

집집마다 5, 6살 아이들이 둘씩 있는 30대 중반의 부부가 주류를 이루는 아파트로, 한 층에 29세대씩 5층, 도합 145세대가 살았으며, 그 중 한국인은 건너편 집과 우리 집 밖에 없었다. 아이들이 놀러 다니느라 또래 친구들 집을 왕래하다 보니 자연스럽게 아이 엄마들과 가까워지게 되었다. 그러나 맞은편에 사는 한국인 M씨와 친하게 지내느라 다른 아이 엄마들과는 마음 속 친구의 상태까지 이르진 못했다. M씨가 여름(아마 8월)에 남편의 다음 부임지인 싱가폴로 떠나고 난 후, 두어 달 늦게 싱가폴로 가는 M씨의 남편을 매일 집에 오시게 하여 필자의 남편과 같이 아침밥을 드시게 했다. 그러다 M씨의 남편마저 떠나고 난 후, 외로움을 타는 나는 거의 두 달간 그 집 현관문만 봐도 울곤 했다.

그러던 어느 날, 현관문을 잠그고 엘리베이터를 타러 나가다 두 집 건너 옆집을 지나는데, 그 집 젊은 새댁이 어린 아이를 손에 안고 자기 집 현관을 잠그고 있기에, 필자는 엘리베이터 버튼을 누르고 그 젊은 새댁을 기다렸다. 엘리베이터 속에서 자연스레 그 부인과 통성명을 했는데 그 부인은 내가 일본인인 줄 알았다고 했다. 그날 이후 그 새댁과는 거의 매일 만날 정도로 가깝게 지냈다. 홋카이도가 고향으로 남편은 규슈 사람이고 아이가 둘 있는데 하나는 두 살, 하나는 갓난아이였으며 착한 사람이었다. 남편이 아침을 안 먹고 출근하고 나면 본인도 귀찮아서 아침을 굶는다는 말을 듣고, 매일 아침 필자의 남편이 출근하고 나면 불러서, 같이 아침식사를 하며 일본어 공부를 했다. 일본 도착 후 바로 구독하기 시작한 일본 신문 사설란을 전날 읽으며 모르는 한자어에 표시를 했다가 다음날 그 새댁에게 읽는 방법을 배우는 것이다. 대학입시 전까지 한자공부를 한 필자는, 한자를 읽으면서 의미는 이해해도 일본어로 읽는 방법을 몰랐는데 아직 사전도 없었고, 사전이 있어도 중급 수준의 한자는 읽는 방법조차 어려우니 그 때 새댁을 개인 교수로 삼은 셈이다. 그 새댁과는 그 집 아기 둘을 자전거에 태워 우리 애들과 공원도 가고 하며 즐겁게 지냈다.

한국인과 일본인은 얼굴이 닮아 외국이라는 느낌도 안 들고 말도 통하고, 음식도 깻잎과 한국 애호박을 제외하곤 거의 다 있어서 불편한 것도 거의 모르고 지냈다. 특히 내 발로 걸어서 어디든지 갈 수 있다는 것이 안도감을 주었다. 일본으로 건너간 70년대 말까지도 서울에는 지하철 노선도 별로 없고, 택시를 잡으려면 이리 뛰고 저리 뛰며 요령이 필요하고, 자가용도 대중화가 안 되던 때였다. 그에 비해 일본은 지하철이 거미줄 같이 있지, 택시도 잡기 쉬웠기 때문에 처음 몇 달은 태평성대로, 연말에 찍은 사진을 보면 얼굴이 통통히 살이 쪄 있었던 것을 기억한다.

그렇게 치키타상과는 각별하게, 다른 이웃집 부인들과도 아이들의 왕래로 부쩍 가깝게 지냈다. 그러던 어느 날, 비가 와서 아이들이 밖엘 못 나가고 이 집에서 저 집으로 본인들의 장난감을 가지고 다니며 놀던 중, 필자 집에서 나간 아이들이 떼를 지어 엘리베이터 반대편 나오코 군 집으로 뛰어가고 있었다. 필자 집(329호)에서 세 번째 오른쪽(326호) 집이 치키타상 집이고, 그 바로 옆 집(327호)에 혼자 사는 젊은 남자가 바가지에 찬 물을 담아 현관을 열고 뛰어가는 아이들에게 뿌린 것이 하필이면 제일 마지막으로 가던 필자의 큰 아들(4살)이 홀딱 뒤집어쓰게 되었다. 추운 겨울날, 같은 아파트 두 번째 옆집 남자한테 찬물을 뒤집어 쓴 것이다. 말로 몇 번 하다가 안되니까 폭행을 한 게 아니고, 갑자기 현관문을 열어 물바가지를 끼얹은 것이다. 밤일을 하고 들어와 혼자 조용히 쉬고 싶은데 아이들이 시끄럽게 왔다 갔다 하니까 성질이 나서 한 행동으로 추측되었지만 도저히 참을 수가 없는 일이었다. 문을 두드리니 젊은 남자가 나왔다. 아이들에게 주의를 주지도 않고 갑자기 추운 겨울에 찬물바가지를 끼얹는 건 있을 수 없는 일이니 사과하라고 했더니 "스미마셍(미안합니다)"이라고 했는지, "모시와케고자이마셍(죄송합니다)"이라고 했는지 기억은 잘 안 나지만 바로 사과를 하기에 일단은 돌아왔다.

다음 날부터 당분간 아이들을 집에서는 놀게 하지 않고 밖에 데리고 다녔다. 날 좋은 날은 공원도 가고, 비가 오면 하다못해 쇼핑센터 장난감 파는 데라도 데리고 가고, 물론 집에서 책을 보며 장난감을 가지고 두 형제가 놀도록 하기도 했다. 이 사건이 異文化적응의 흥분기에서 실망기로 넘어가는 계기가 되었다. 異文化적응 패턴은 나중에 따로 설명하고자 한다.

한국과 크게 다른 일본인들의 문화 중에 '와리캉'을 들 수 있다. 와리캉은 割り前勘定의 준말로 '금액을 등분하여 각자 부담한다'는 뜻으로 쓰인다. 대학원생 10명 이상이 함께 유학 가는 친구 송별회에 가더라도, 같은 아파트 주민 3명이 함께 택시를 타고 가더라도 ~십 엔까지 계산하여 나누어 내곤 한다. 친구들끼리 점심 먹을 때는 물론이고, 젊은 교수와 학생들이 먹을 때도 모두 당연한 듯이 와리캉을 한다. 그러나 연세 많으신 유명한 노교수의 경우에는 교수가 식사비를 내기도 한다. 예를 들어 대학원 입시 공부를 함께하던 필자보다 조금 어린 일본인 남성이 미국 대학원에 유학 갔다가 여름방학을 이용하여 일본에 와서 연락이 와 점심 식사를 함께 하게 되었다. 필자가 그보다 나이가 많고, 또 현재 일본에 있으니 점심값을 필자가 내려고 하자, 그는 각자 내자고 하였다. 이런 경우의 와리캉은 나이도, 성별도, 국적도, 현재 누가 어디 살고, 누가 다니러 온 건지 따질 필요가 없어서 편리하다고 느꼈다. 물론 경우에 따라 모두 달라 와리캉이 편리하고 당연하게 느껴지는 경우와 의외로 느껴지는 경우가 있고, 특히 사람에

따라 다른 것이지 일본인이라고 이렇고 한국인이라고 저렇다고 한 마디로 말할 수는 없다고 생각한다. 즉 사람 사는 곳은 어디나 인간관계인 것 같다.

어느 날 아침 쓰레기를 버리러 나갔다가 바로 옆집 노부부를 만났다. 그 동네로 이사한 다음 날 한국 김을 가지고 가 인사하곤 몇 달이 지난 어느 날로 기억한다. 노부부에게는 어린 아이들이 없었기 때문에 평소에 서로 전혀 왕래가 없는 사이였다. 필자가 "아이들이 시끄러워서 죄송합니다"라고 인사하니, "부인의 가정교육이 좋아 조용하며, 전혀 불편함을 모르고 지낸다."고 하였다. 원래 천성이 착하고 순하게 태어난 아이들을 엄하게, 일본인들에게 손가락질 받지 않게 신경 쓰고 키우느라고 노력했기에 입에 발린 인사말은 아니었을 것이라고 믿는다.

생존 가능한 일본어 정도는 한국에서 공부하고 갔기 때문에 동사의 원형은 사용할 수 있어도 활용형은 어려웠고, 겸양표현 등의 존칭 사용은 미숙한 상태였다. 백화점이나 병원에 가면 처음부터 영어를 사용함으로써, 일본어를 사용했다가 어려운 대답이 돌아와 필자가 대답하기 곤란해지는 것을 미연에 방지했다. 병원이고 백화점이고 원래 친절한 사람들이기는 하지만 영어 덕에 대접 받곤 했다. 아이들의 진료로 다니던 안과, 이비인후과, 소아과 같은 동네 병원 의사들은 우연히 모두 여의사들이었는데 필자가 사용하는 일본어를 정중한 표현이라며 칭찬해 주곤 했다.

하루는 휴일에 아이를 데리고 유원지에 다녀왔는데 무서운 놀이기구를 타면서 소리를 질러서인지, 아니면 공기가 나빴던 탓인지 둘째가 천식인 것처럼 밤새 숨을 못 쉬고 힘들어 했다. 이미 밤늦은 시간이라 병원 갈 생각도 못 하고 따뜻한 꿀물을 타서 먹였더니 겨우 진정이 되어 잠을 잤다. 아침에 병원에 데리고 가 그 얘길 했더니, "앞으로는 늦어도 좋으니 데리고 오라"고 해주어 너무 고마웠다. 특별히 잘 해드린 것도 없는데 이렇게 친절하게 대해주는 일본인들 속에서 살면서 감사한 마음으로 가득하고 '사람 사는 곳은 어디나 인간관계'임을 새삼 느꼈다.

어느 날은 친정어머니가 오셔서는 일본인들 속에서 인정받고, 대접받고 사는 것을 보시고 기뻐하셨다. 당시는 아직도 '재일 조선인 차별'이라는 단어가 도처에서 빈번히 들리던 시대였는데 그들 속에서 당당하게 가슴 펴고 사는 데 대해 감사드렸다.

일본의 의식주 생활

① 식생활

일본은 기본적으로 밥을 주식으로 하는 식생활이 보편화 되어 있기 때문에 재일 한국인들에게 식생활에서 오는 위화감은 없다. 거기다 맛과 종류는 다르나 간장, 된장을 주 조미료로 하는 점도 유사하여, 처음 일본에 간 사람들도 음식에서 오는 불편함은 거의 없는 것을 인터뷰를 통해 알 수 있었다. 한국인이 즐겨먹는 식재료 중에 없는 것은 깻잎과 애호박 정도로 그 외에는 거의 모든 것이 있기 때문에 한국인들에게는 일본의 식생활이 편리하다고 할 수 있다.

일본인들의 현대생활은 한국에 비해 비교적 간편, 단순하다고 할 수 있다. 1945년 태평양 전쟁에서 패한 후 폐허가 된 일본은, 1950~1953년 한국전쟁으로 인해 경제부흥을 이루게 되었다. 그 후 1964년 도쿄(東京)올림픽을 계기로 하여 경제구조가 소위 서구화되기 시작하였다. 국가적으로는 고속도로와 같은 사회 인프라 건설붐을 이루었고, 가정에서는 TV가 보급되기 시작한 시기였다. 여성들의 일자리가 증가(1970년 당시 32%의 고용률)하기 시작한 때이기도 하다. 이 시기에는 부부 모두가 일하게 됨에 따라 식생활이 간편해지기 시작한 때이기도 한데, 그 단적인 예로 라멘(ラーメン)이 등장했으며, 1970년대 말에는 이미 집에서 된장, 쓰게모노(つけもの)를 만들어 먹는 집도 극히 드물어졌다. 2010년대를 기준으로 볼 때 최근에 된장을 담가먹는 집은 필자의 일본인 지인들 중에서 한 가정도 볼 수가 없다.

그 결과 가정 내에서는 손이 많이 가는 일본식(和食)보다는 서양식이나 일본화된 서양음식을 많이 만들어 먹는다. 일본인들은 이를 일본식(和風)이라 한다. 和風스파게티, 和風육류요리, 돈가쓰, 햄버그 스테이크(일본식으로 함바가라 함), 카레라이스 등은 일본인이 즐겨먹는 대표적인 일본식 서양음식이다. 여기에 일본식 샐러드나, 간단하면서도 예쁘게 변형시킨 반찬(おかず)을 만들어 먹는다.

현대 일본을 만든 원동력 : 더불어 살기   123

일본식 그릇에 담긴 일본식(和風) 샐러드
- 재료는 일본 고유의 야채인 무, 마, 오이 등과 서양야채인 토마토, 적양파 등을 사용하고 드레싱 역시 일본식의 유자소스와 서양식의 바질을 섞어 만들어 和洋 절충음식을 만들어 먹는다.

순수 일본식과 서양식 음식이 일본식 그릇에 담겨나온 상차림
- 재료는 일본 고유의 야채와 서양야채를 다양하게 사용하고, 드레싱 역시 일본식과 서양식을 섞어서 만들어 먹는다. 거기에 필자가 만들어가져간 오이지와 열무김치가 오묘한 조화를 이루어 더욱 맛있는 식사가 되었다.

간편한 음식의 대명사인 인스턴트 라면이 나오기 시작한 때가 1958년이고 컵라멘이 나오기 시작한 것은 1971년이다. 된장은 1950년대 이전까지 가정에서 만들었으나 근래에 들어오면서 가정에서는 만

들지 않게 되었다. 된장은 1970년까지는 큰 나무통(たる)에 넣어 덜어 팔다가, 1970년대부터 작은 플라스틱통에 넣어 판매하였다. 일본인들이 정월에 꼭 먹는 오세치(おせち) 요리는 1945년 이후 백화점에서 만들어 팔기 시작했다.

필자가 1970년대 말 일본에 갔을 때만 해도 오세치 요리를 집에서 만들어 먹는 것에 세대차, 지방차가 있었으나, 최근 수년간 11월경부터 백화점에 진열된 견본을 보고 주문하는 가정이 보편화 되었다. 맞벌이 부부 가정의 증가와 더불어 독신가정이 늘면서 아침식사는 세대에 따라 간단하게 시리얼(곡물)과 우유를 먹거나 커피와 토스트를 먹는 가정과, 일본식으로 먹는 가정이 있다. 일본식의 경우 밥, 된장국(みそしる), 생선구이, 김구이, 계란(찜, 계란말이, 후라이 등), 쓰케모노, 생선어묵(かまぼこ)이 전형적 일본식 아침식단이다. 점심은 위에서 소개한 카레라이스, 오므라이스 종류나, 돈까스, 우동, 소바 등의 면류, 밥 위에 무엇인가를 얹은 덮밥 종류(일본에서는 どんぶり) 등을 먹는 경우가 일반적이다. 조금 여유가 있는 사람이나 미식가들은 유동인구가 많은 지역의 일본식 식당에서 회사원들의 점심식사를 전문으로 하여 비교적 저렴한 비용으로 사먹기 좋게 만든 간편화된 일본식을 사먹곤 한다.

일본식으로 유명한 고급 식당에서도 저녁에는 5,000~10,000엔 하는 보기 좋고, 맛도 좋은 음식을 점심세트메뉴로 1,000~1,500엔에 얼마든지 사 먹을 수 있다. 저녁에는 두 가지 형태가 보이는데, 한 가지는 이미 언급한 퇴근길에 마트나 백화점에서 완제품을 사다 먹는 경우이고, 다른 한 형태는 간편한 일본식이나 경양식을 만들어 먹는 경우이다.

일찍이 도시화와 핵가족화를 이룬 일본인들은 손님을 집으로 초대하거나 음식을 만들어 대접하는 경우가 드물다. 일본인들이 초대 손님을 대접할 때, 일본 생선 초밥인 스시(すし)를 주문해 배달시켜주는 것이 잘 대접하는 것으로 꼽히곤 하는 것만 보아도 손님 대접한다고 음식 준비하느라 동분서주하는 한국과 비교가 된다.

일본음식을 대표하는 것으로 우동, 소바 등의 면류가 있다면, 한편 도시락도 일본음식의 특성을 나타내는 음식형태라 할 수 있다. 일본은 가히 도시락의 천국이라고 할 수 있을 정도로 갖가지 도시락이 다양하게 발달되어 있다. 도시락 문화가 발달한 원인으로는 두 가지를 들 수 있다. 한 가지로는 같은 음식을 각자의 젓가락으로 먹지 않고, 작은 접시에 옮겨먹는 식습관이 있는 일본인들에게 도시락이 편리하다는 점, 또 한 가지로는 고온 다습한 날씨로 인해 따뜻하게 데운 음식을 귀하게 여기기보다는 따뜻하지 않은 음식을 편하게 여기는 점을 들 수 있다. 일본의 도시락은 종류가 다양한데 특히 특별한 계절에 즐기거나 이벤트시 먹는 도시락까지 있다. 스모 관전시 음식과 선물이 많이 딸려 나오는데 비싼 좌석의 경우, 값비싼 도시락이 나온다. 스모경기를 즐기러 오는 일본인도 많지만 스모경기를 보면서 도시락 먹는 것을 즐기러 오는 사람들도 많다. 벚꽃 피는 계절에 벚꽃나무 밑에서

먹는 도시락 역시 계절 감각을 살려 예쁘게, 보기 좋게 만들어 꽃놀이의 재미를 상승시켜 준다. 하나(花)요리(より=보다) 당고(だんご=막대기에 끼어 먹기 간편하게 만든 경단)라는 말이 여기서 유래했으며, 이와 같은 경우를 적절하게 표현한 말이다. 에키벤(駅弁)이라는, 기차역에서 파는 도시락 역시 값도 저렴하고 그 지방 특산물을 담고 있어서 기차여행을 하는 사람들에게는 에키벤을 먹는 것이 또 다른 즐거움이 되고 있다. 언젠가 도호쿠(東北)신칸센을 타고 니이가타(新潟)방면으로 여행갈 때 500엔짜리 다루마(たるま)벤토와 가마메시(かまめし)를 사 먹은 적이 있는데 다 먹고 난 다루마(오뚜기)와 가마(솥)을 버리기 아까울 정도로 음식도 맛있었고 가격도 저렴하여 기억에 남는다. 최근에는 에키벤을 즐기는 에키벤 마니아까지 있다고 한다.

갖가지 도시락을 보면 그 종류나 식재료의 차이 등을 발견할 수 있다. 또한, 작은 공간 안에 밥과 각종 야채절임, 생선, 계란, 각종 야채 조림(煮物) 등을 규모 있으면서도 보기에도 예쁘게 담아, 보기만 해도 먹음직스럽게 만든다. 지방으로 가는 기차들이 많이 떠나는 신주쿠(新宿)역에 있는 백화점 식품코너에 가면, 값도 그리 비싸지 않으면서 예쁘고 맛있는 도시락을 파는 가게들이 많이 있는데, 먹고 싶고 사고 싶은 것이 많아 한번 죽 둘러보며 구경한 후에 정하여 사곤 한다. 다 먹을 만큼의 양과 꼭 먹어야 할 영양소를 골고루 넣어, 다 먹고 나면 도시락 상자와 와리바시(割り箸)만 남는다. 절대로 구겨서 버리는 사람은 없고 모두 사 왔을 때의 상태로 다시 포장을 깔끔하게 하여 기차

속 쓰레기통에 넣고 내린다. 일본의 도시락은 간편함을 기본으로 그 위에 눈으로 보기 예쁘고 기초 영양소를 골고루 갖춘 식재료로 만들어 영양적으로도 뒤지지 않고, 먹을 만큼의 양만 담아 낭비가 없는 점을 특징으로 한다. 특히 낭비 없는 적당량을 담는 점이 한국의 도시락과 비교하여 도시락 특유의 장점을 살린 점이라 볼 수 있다. 원래 도시락 문화가 발달하지 않은 탓인지 한국의 도시락은 양적인 낭비와 너무 맵고 짠 반찬을 많이 넣어 간편함을 추구하는 도시락 본래의 기능을 벗어난 점이 아쉽다. 어릴 때 시골에서 모내는 날 일꾼들 점심이나 곁두리로 만들어 나가는 음식은 광주리나 큰 양푼(다라이라고 일본어 비슷한 말을 썼고 지금도 나이 드신 분들은 사용)에 밥상에서 사용하는 밥 그릇과 반찬 그릇 채로 넣어 머리에 이고 간 광경이 기억난다.

신주쿠 역 O백화점에서 파는 각종 도시락

한국인 여행자들에게 일본 음식은 인기가 있으며, 특히 양이 적당하고 자극성이 없어서 여성들이 많이 좋아한다. 그 중에서도 도시락이 인기가 많은 것을 볼 수 있다.

또 하나 일본음식에서 빼 놓을 수 없는 게 카이세키(懷石)요리이다. 카이세키 요리는 옛날에 승려(僧)들이 수련할 때 춥고 배고픈 것을 달래기 위하여 돌을 따뜻하게 덥혀 가슴에 품었다는 데에서 유래한 이름으로 원래는 이치지루니사이(一汁二菜)라고 하여 '한 가지 국물에 두 가지 반찬'으로 극히 간소한 것이었다. 그 후 시대의 변천에 따라 점점 반찬 수도 늘어나고 화려해져 지금의 카이세키 요리는 고급음식의 대명사로 받아들여지고 있다. 처음에 식욕을 돋우는 전채(前菜)

점심에 비교적 저렴한 비용으로 먹을 수 있는 간략한 카이세키 요리

요리부터 시작하여 차가운 음식, 뜨거운 음식 순으로 진행되다 마지막에 밥과 따뜻한 국물로 마무리하는데, 보통 12가지 종류의 음식이 나오며 식사를 마치는데 적어도 1시간 정도 소요된다.

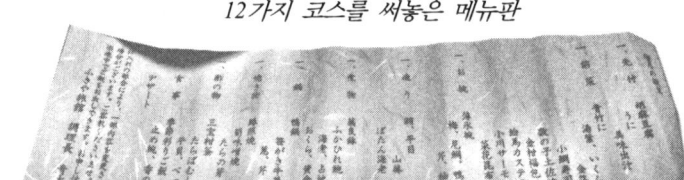

12가지 코스를 써놓은 메뉴판

고급 료칸(旅館)에서는 아침, 저녁식사를 모두 각자의 방으로 가져다 주는데 한꺼번에 나오는 것이 아니라 순서에 따라 한 가지씩 가져온다. 한 방당 한 사람의 여자 종업원이 식사를 가져오며, 고급 방은 그 료칸 여자주인인 오카미(おかみ) 상이 직접 가지고 온다. 일본에서 '료칸'이라고 불리우는 곳은 온천을 끼고 있는 관광지의 고급 숙박시설을 가리킨다. 같은 료칸에서도 방의 등급에 따라 음식과 사용하는 그릇이 다르며 고급 방의 경우 방 값이 많이 비싸다.

(왼쪽) 료칸 외관
(아래) 외부 정원

현대 일본을 만든 원동력: 더불어 살기 131

(위/가운데) 방 안에서 내다본 일본식 베란다

방의 등급을 알 수 있는 도코노마

은은한 정원 코너등

히노키부로: 독특하면서도 편안한 향이 나는 일본식 나무욕조

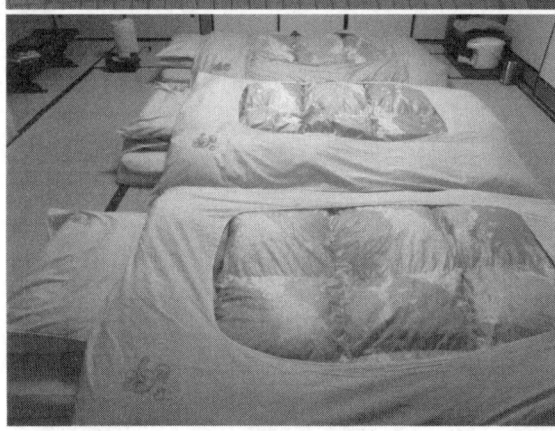

후통: 온천에서 돌아오면 방 안에 이부자리가 펴져 있다

(위) 방 안의 차 마시는 공간
(가운데) 온천 탕에서 내다보이는 전경
(아래) 로텐부로: 노천탕

일본음식은 역시 눈을 즐겁게 하고 혀를 즐겁게 하며, 예쁘고 맛도 좋으며 그 계절에만 나오는 식재료를 계절감을 살린 그릇에 담아 내온다.

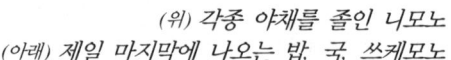

(위) 각종 야채를 졸인 니모노
(아래) 제일 마지막에 나오는 밥, 국, 쓰케모노

단풍잎으로 장식한 사시미 사진

예를 들어, 매화 철에는 매화꽃잎 무늬의 그릇이 나오고, 단풍철에는 단풍 모양의 그릇이 나오며, 후식으로도 매화 꽃잎이 들어간 와가시(和菓子)나 단풍잎으로 장식한 과일이나 와가시가 나온다.

료칸에 도착하여 방으로 안내되어 들어가면 반드시 따뜻한 차와 와가시가 준비되어 있는데, 계절감을 살리느라 애쓴 흔적이 보인다. 저녁식사 후, 온천에 다녀온 시간쯤이나 더운 여름에는 차가운 냉차와 그에 맞는 와가시가 준비되어 있어서 손님의 마음을 즐겁게 해 준다.

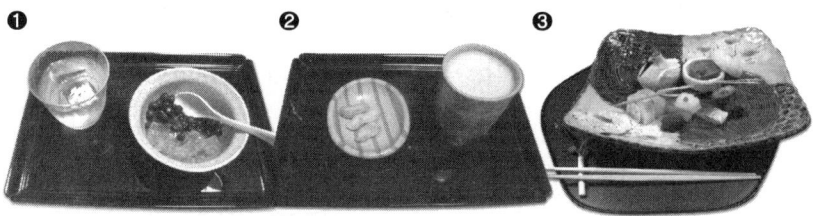

❶ 목욕 후 마시도록 준비된 냉차와 와가시
❷ 추운 밖에서 실내로 들어왔을 때 준비되어 있는 따뜻한 차와 볶은 땅콩
❸ 동백잎 수저 받침으로 1월의 계절감을 살림

일본상점에서는 노렌(のれん)이라 하여 그 상점의 상징을 표시하는 바람막이 같은 천을 정면 외부에 걸고 영업을 한다. 아침에는 내다 걸고 밤에 가게문을 닫을 때는 걷으며, "노렌을 걷는다"는 것은 그 날의 일을 마친다는 것을 의미한다. 노렌에 새겨진 상호와 색, 문양을 보면 대강 그 집 소바가 맛이 있는지 없는지 상상이 가며, 국도를 지나가다 노렌 색과 글자(紋章)를 보고 들어가서 기대에 어긋난 적은 거의 없다.

일본인들의 도자기에 대한 애착은 그들의 차에 대한 선호와 비례하여 남다르다고 할 수 있다. 다도를 즐기고 차완(茶碗)을 애지중지한 일본인들의 차완과 차도구에 대한 애착은 남다르다. 조선의 농부들이 밥이나 국을 먹는데 사용한 사발을 옛 일본인들은 와비차를 마시기 위한 차완으로 애용했다. 다이묘들이 차완 하나를 손에 넣기 위해 영토 하나와 바꿀 정도로 그들의 도자기에 대한 애착은 도요토미 히데요시의 조선침략으로 나타난다. 조선침공에서 철수하면서 배의 균형과

안정을 위해 오모리(重り) 역할로 조선도공들을 붙잡아 가서 굽기 시작한 가마들이 수백년간 일본의 유명한 도자기 명 브랜드로 자리 잡고 있는 사츠마야키, 아리타야키 등이다.

② 의생활

　일본인들은 눈에 튀기보다는 다른 사람들과 같은 음식을 주문하고, 같은 스타일의 옷을 입으면서 안도감을 느낀다. 그래서인지 일본인 남성 회사원들은 무채색의 옷을 많이 입는 경향이 있다. 섬나라 특유의 고온다습한 여름의 찌는 듯한 날씨에도 신사복 정장으로 콩나물 시루 같은 지하철에 끼어가는 것을 보면 그들의 인내심에 감탄하곤 한다. 국가와 기업은 부강하지만 많은 국민들은 아직도 근검절약하는 생활을 하면서 불평 한 마디 안 하는 걸 보면서 감탄하고, 한국인들이 이렇게 더운 날씨에 지하철에 끼여 다니라고 하면 과연 인내할까 하고 자문하곤 한다.

　여성들도 한국에 비해 스커트를 즐겨 입는 경향이 있으며, 겨울에도 스커트를 많이 입는다. 동네나 인근 학교, 병원, 시장 등의 생활권 왕래에 교통수단으로 애용하는 자전거를, 스커트를 입고 비 오는 날 한 손으로 우산을 받치고 또 한 손으로는 자전거 핸들을 잡고 가는 걸 보며 감탄하곤 한다. 어린이들의 경우는, 피부단련을 시킨다고 추운 겨울에도 여자어린이는 스커트, 남자 어린이는 반바지를 입힌다. 중학교를 들어가면 거의 교복을 입으며, 남학생은 긴 바지, 여학생은 스커트를 입는다.

전통의상은 한국과 비교되는 것만 언급하기로 한다. 일본인의 고유의상인 기모노(きもの)를 입는 경우도 한국보다 많이 보인다.

시치고상(七五三)이라고 불리는 어린이들이 3, 5, 7살 때 그들의 건강한 성장을 기원하는 명절에는 어린아이들도 그 명절에 맞는 전통의상을 입는다.

신년초 다도에 참석하는 여성들

기모노 입은 남자아이와 여자아이 마네킹

(왼쪽) 七,五,三 여자아이 기모노 셋트 - 3살: 히후(被布), 7살: 요쯔미(四つ身)
(오른쪽) 七,五,三 남자아이 기모노 셋트 - 하오리하카마(羽織袴)

온천장에서 목욕 후 유카타를 입은 여자아이

온천장에서 목욕 후 유카타를 입은 여성

대학 졸업 시엔 역시 전통의상인 하카마(はかま)를 입는다. 또한 여름밤의 풍물시인 불꽃놀이(花火)에 입는 유카타(ゆかた), 다도 시 입는 기모노, 결혼식 하는 가족이 입는 기모노, 남자들이 작업복으로 입는 사무에(作業衣) 등 전통의상의 종류와 입는 경우가 한국보다 훨씬 많이 보인다.

그러나 스스로 자신의 기모노를 입을 수 있는 세대는 줄어들고 기츠케(着付け)학원이라는 기모노 입는 법을 가르쳐 주는 전문학원에서 배우는 여성이 늘고, 또한 미용실에서 비용을 내고 기모노를 입는 세대가 늘고 있다. 또 한 가지 한국과 비교해서 다른 점은 형식을 갖추어 입는다는 것이다. 한국에서 많이 보이는, 그릇된 경우와 같이 전통의상에 스타킹을 신고 구두를 신는 예는 찾아볼 수가 없다. 기모노 비용의 차이는 있지만, 일단 기모노를 입으면, 속옷과 버선(たび)을 챙겨입고, 신고, 기모노 전용 신(はきもの)을 옷에 맞춰 신고, 특히 계절감각을 살리는 데에 중점을 둔다.

여자의 기모노 전용 신발

(왼쪽) 여자 평상복
(아래) 여자 방문복

    기모노의 종류는 크게 분류하면 방문복과 평상복이 있고, 결혼식, 장례식, 다도회 등에 입는 예복이 있다.

    방문복의 경우, 계절을 각각 살려 지방에 따른 개화기의 차이는 있지만 2월에는 매화꽃 무늬, 3~4월에는 벚꽃 무늬, 10월에는 단풍

현대 일본을 만든 원동력 : 더불어 살기 141

짐베이(甚平)를 입은 남자아이와 유카타를 입은 여자아이

무늬 등이 들어간 기모노를 입는다. 유카타도 주로 젊은이들이 즐겨보는 불꽃놀이에서 입는 것은 한여름에 맞게 시원한 옷감에 여름 꽃인 수국, 패랭이, 잠자리, 부채, 풍경 등의 여름을 연상시키는 무늬를 사용하며, 유카타의 경우 주로 젊은 층이 입기 때문에 화려하고 밝은 색을 자주 사용한다.

도쿄의 3대 불꽃놀이가 벌어지는 다마가와 강변 가까이 살 때 전차역에서 우연히 본 광경은 인상적이었다. 젊은이들이 불꽃놀이 시작 시간에 맞춰 지하철에서 한꺼번에 내려 역 계단을 내려오는 나막신 소리는 경쾌하고 인상적이었다. 여의도에서 벚꽃놀이 한다고 모두 차를 끌고 나와 올림픽대로에서 꼼짝도 못 할 정도로 교통체증이 심하고, 벚꽃놀이하고 난 후의 자리가 쓰레기로 뒤덮이는 것을 보면 다마가와 불꽃놀이 날의 지하철역에서 본 유카타 차림의 젊은이들과 나막신 소리가 대조되어 기억나곤 한다. 동네에서 아이들과 소규모 불꽃놀이를 할 때에도 반드시 챙겨야 하는 것은 불꽃을 지피기 위해 사용한 성냥을 버릴 물통이며, 앞서 언급한 도쿄 3대 불꽃놀이가 모두 강변에서 열리는 것도 역시 불꽃재가 물속으로 떨어지게 하여 안전사고를 예방하려는 데에 그 목적이 있다. 또 한 가지, 유카타를 많이 입는 경우는, 관광지나 온천 여관이나, 도시 호텔에 비치된 잠옷용 유카타의 경우이다. 유카타는 목욕 후 입는 옷이기 때문에 옷감도 공기가 잘 통하여 땀의 방출을 도와주도록 섬유질이 설핀 면 종류를 사용하고 색도 흰 바탕에 남색 무늬를 넣어 시원해 보이게 하는 것이 특징이다.

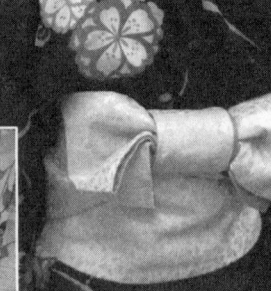

❶ 여름 꽃인 나데시코(패랭이)무늬의 여성 유카타
❷ 여름 꽃인 아지사이(수국)무늬와 잠자리 무늬의 여성 유카타
❸ 여름 유카타를 입고 있는 소녀의 뒷모습

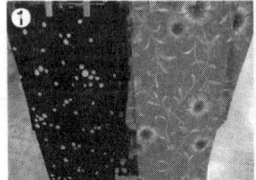
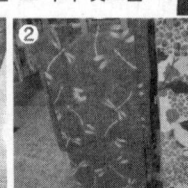

주생활

도쿄 올림픽 이후 인구의 도시이동과 맞벌이 부부의 증가로 일본인들은 간편한 생활을 추구하게 되었다. 이러한 수요에 부응하고 경제발전의 원동력인 사회 인프라를 건설하면서 현저하게 증가한 것이 고속도로와 아파트 건설 붐이다. 그러나 구조면에서 한국과 크게 다른 점은 평균적인 아파트 크기의 차이와 건축물 규모와 형태의 차이를 들 수 있다. 일본의 평균적인 아파트 평수는 한국보다 작다고 할 수 있다. 각 세대당 평수는 작지만 일본인들은 붙박이장을 짜넣는 등 좁은 공간을 최대한으로 활용한다. 일본에서 아파트(アパート)라고 하는 것은 현관을 열었을 때, 온 집이 들여다보일 정도로

붙박이장

작은 12평 이하의 공동주택을 가리킨다. 13평이 넘어가면 －맨션, －하이츠, －힐 하는 식으로 로마자 이름을 넣는 것이 일반적이다.

또 한 가지 특징은, 한국과 같이 도심에는 대 단지 아파트가 적고 보통 부모로부터 상속받은 작은 규모의 토지에 3층 정도의 건물을 짓고 그 안에 10호 전후의 세대를 넣는 것이 2000년대까지 일반적이었다. 일본인들이 건물을 높지 않게 짓는 이유 중 가장 큰 것은, 지진에

고급 주택가에서 발견한 단 한 채의 일본식 주택

대한 두려움과 땅에 집착하는 일본인의 특성이다. 그러나 서구화의 영향과 해외근무 경험자들의 증가로 평수가 큰 집에 대한 갈구는 높아지고, 땅에 집착하기 보다는 고층이라도 쾌적한 생활을 추구하는 사람들

현관, 창틀, 벽면 곳곳에 일본식 건축 양식을 가미한 주택

이 늘어 최근 수년간 도심을 재개발하면서 평수도 늘리고, 고층이면서 고급스럽게 짓는 경향으로 고층 아파트가 현저히 증가하고 있다. 도쿄

의 고급주택가인 다이칸야마지 역을 한 시간 동안 다니며 찾아본 결과, 일본식 집은 한 채 밖에 찾을 수 없었다.

일본 다이칸야마 지역의 주택은 대부분 고층아파트나 2층짜리 고급단독이 많은데 콘크리트로 지으면서도 어딘가 한 부분은 일본적 특징을 가미한 것이 인상적이다.

특히 일본 주택의 특징은 화장실과 욕실이 따로 있는 것이다. 욕실 욕조에 받은 더운 물은 뚜껑을 닫아 식구들이 순서대로 사용할 수 있게 한다. 일본인의 절약정신을 엿볼 수 있는 주거 특징이라 할 수 있다.

❶ 뚜껑을 닫은 욕조
❷ 고급아파트 화장실
❸ 욕실

도심 재개발을 할 경우, 職, 住, 商을 근간으로 하여 직장, 주거, 상업 목적을 균형있게 배치한 건물형태로 짓는 것이 특징이다. 또한 친환경적인 요소도 가미하여 단지 속에 아파트, 호텔, 백화점이 공존하고 그 가운데를 시냇물이 흐르게 한 형태 등을 찾아볼 수 있다. 일본으로 여행간 한국 젊은이들이 즐겨 찾고, 한국에서 도심 재개발을 위해 벤치마킹한다는 롯본기힐스, 에비스 역 앞의 가든프레이스 등이 그 대표적인 예다. 한일 양국 모두 서울, 도쿄가 수도인구 과밀화로 인해 결코 도시건축미학상 아름답다고는 할 수 없으나, 다만 재건축의 개념에서는 위와 같이 상당한 차이를 보인다. 한국의 재건축은 주로 멀쩡한 건물(5층~13층)을 부수고, 평수를 늘리기 위해 고층화하는 경우로 경제적인 측면을 가장 중시하는 데 비해 최근 수년간 일본의 재개발은 그야말로 좁고, 오래되고, 불편한 작은 집들을 친환경적으로 개발하는 데 주안을 두고 있다고 할 수 있다.

일본은 토지가 비싼 탓에 주택가격이 국제적 평균에 비해 비싸기로 유명하다. 1980년대 말 거품경제 이후 거품이 조금 꺼지기는 했으나 대도시의 일등지는 역시 구미선진국과 비교하여 비싸다고 할 수 있다. 그 원인은 여러 가지가 있으나 땅에 대한 집착으로 인해 단독주택을 선호하는 점이 작용한 바가 크다.

일본에서는 집을 빌릴 경우, 한국에서 일반적으로 행해지는 전세계약보다는 월세가 일반적이다. 시키킹(敷金)은 보증금을 뜻하며 레이킹(礼金)은 집을 빌려주어 고맙다고 집주인에게 주는 돈으로 수요

공급에서 수요가 많은 것을 반영한다.

　부동산의 창 외부에는 판매, 월세로 나온 집들을 일목요연하게 볼 수 있게 붙여놓고 있다. 집의 크기는 2DK, 3LDK 등으로 표시하여 앞의 숫자는 방 개수, DK는 dining kitchen으로 식당 딸린 부엌을 뜻하고 L은 living room으로 거실을 뜻한다. 예를 들어 3LDK(4.5조, 6조, 8조 방 세 개, 12조 LDK라고 써 있을 경우)라면, 다다미 4.5장 크기의 방, 6장 크기의 방, 8장 크기의 방, 12장 크기의 living room과 식당이 딸린 부엌의 구조라는 것을 보여준다. 거기다 연결되는 전차나 지하철 선이 많을수록, 역에서 가까울수록, 집 크기가 클수록, 건축 연수가 짧을수록 집값이나 임대료가 비싸다. 80년대 말부터는 플로링이라 하여 마룻바닥을 깐 집이 선호되고 있다. 전통적인 다다미바닥에서 도쿄 올림픽 이후 경제수준이 올라가면서 카펫 바닥이 아파트와 함께 인기를 끌다 최근에는 신축 고급 주택에는 마룻바닥과 유카단보 같은 바닥 난방이 주류를 이루고 있다. 일본에서는 '다다미와 마누라는 새것일수록 좋다'는 말이 있을 정도로 다다미는 해마다 새것으로 갈거나 우라가에시(裏返し)라 하여 위아래를 바꿔 깔아야 한다. 그렇지 않으면 습한 날씨로 인해 다니(だに) 등의 집진드기 등이 생겨 피부에 좋지 않고, 특히 어린 아이들이 대소변을 혼자 가릴 수 있게 되기 이전에는 불편함이 따른다. 카펫 역시 비슷한 부작용을 일으키다 보니 청소하기 좋고 청결한 느낌을 주고, 바닥 난방까지 가능케 하는 마룻바닥을 선호하게 된 것이다.

유럽, 미국인들이 일본 집을 가리켜 성냥갑, 토끼장, 개미집이라 부르는 데 대해 일본인들은 화를 내기는커녕 1) 반성해야 한다, 2) 일본의 경제성장을 질투한 소리이므로 더욱 열심히 일해야 한다는 두 가지로 반응하고 있다. 좁은 공간에서 사는 데 별로 큰 불편을 느끼지 않는 점을 그들의 생활을 통해, 그들과의 교류를 통해 느낄 수 있다. 높은 주택 가격으로 인해 대도시 중심에서는 집을 장만하기 힘든 직장인들이 도시 외곽으로 나가 집을 구하면서 遠(거리가 멀고), 小(집이 작고), 高(가격이 비싼) 현상이 증가했다. 그래서 나온 자조적인 표현으로 직장인들의 通勤을 痛勤으로 표현하기도 했다.

1980년대 말부터 '캡슐'이라 하여 집이 먼 직장인들이 모임 등으로 늦어져 지하철 막차가 끊기고 난 이후 이용하거나, 경기침체가 오래 지속되면서 후리타들이 이용하는 아주 작은 공간이 등장했다. 정규직을 못 구했거나 아니면 편한 대로 사는 삶의 방식에 따라 후리타(후리 아르바이터라는 뜻의 일본식 조어로 한 직장에서 조금 일하다 쉽게 떠나는 비정규직을 일컬음)들이 아예 주거방편으로 택하며, 도심 일등지를 벗어난 역 가까이에서 볼 수 있다.

이어령(2010)에 의하면 캡슐족이 이곳을 명상의 장소로 사용하기도 하고 샐러리맨이 독서실로 이용하기도 한다고 한다. 즉 일본인들에게 좁은 공간이란 불편을 감내해야 하는 장소라기보다는 안정감을 주는 특징이 있다고 이어령씨는 지적하고 있다

④ 교통사정

　일본의 대중교통은 지하철 역사만큼 일찍, 편리하게 발달해왔다. 지하철은 다이쇼 시대부터 시작되었기에 이미 95년이란 역사를 지니고 있으며 도쿄만 해도 여러 노선이 거미줄처럼 연결되어 있어서, 한두 번만 갈아타면 도쿄 내에서는 어디든지 30분 내에 갈 수 있다.

　거기다 모든 역에 정차하는 가쿠에끼(各駅), 몇 군데 역을 정차하지 않고 지나가는 급행인 규코(急行), 시발점에서 도착까지 한두 군데만 정차하는 특급인 독큐(特急) 등으로 편리하게 발달되어 왔다. 그 덕에 규코나 독큐로 1시간 이상 걸리는 지방(한국 같으면 천안, 대전에서 서울까지 정도의 거리)에서도 도쿄로 출퇴근하는 직장인들이 많이 있다.

　버스의 경우, 많은 외국인들이 놀라는 건 정류장에 노선에 따른 버스 도착시간이 써 있고, 그걸 실제로 지킨다는 점이다. 중앙차선제 이후 개선되긴 했지만 한국같으면 같은 노선버스가 거의 동시간에 연거푸 들어오기도 하고 아니면 5~10분 간격에 들어올 버스가 30분~1시간 간격을 두고 들어올 때도 있지만 일본에는 그런 일이 없다. 그 역시 지하철의 발달로 대중교통 이용인구가 많기에 가능한 일이다. 어느 해인가 겨울에도 거의 눈이 오지 않는 도쿄에 4월에 엄청난 폭설이 내린 적이 있다. 그런데도 지하철로 출퇴근을 하는 인구가 많은 도쿄는 평화로운 일상을 유지하는 걸 보면서, 눈만 조금 많이 오면 '출근길 교통전쟁'이라는 어휘로 신문과 뉴스의 머리를 장식하는 한국과 비교가 되었다. 이 또한 대중교통의 발달에 따른 결과라 여겨진다.

한국에서 짝홀제다, 10부제다, 남산 터널의 교통체증 유발비용을 지불하면서까지 나 홀로 차량이 많은 이유는 무엇일까? 역시 대중교통 수단이 덜 편리하고, 지하철 노선이 일본에 비해 아직 적어 노선이 뱅-뱅 돌아가는 데에서 오는 불편함보다 유가도 비싸고 교통 체증으로 인한 불편함을 참는 사람들이 더 많다는 것이다. 또 한 가지는, 관용차의 이용률이 한국보다 낮다는 점이다. 보통 한국에서 대학 총장, 부총장, 모두 기사 있는 전용차를 이용하나, 일본 대학의 총장이나 부총장은 지하철을 이용한다. 이와 같이 여러 면과 요인으로 인해 일본의 대중교통환경은 발달했다고 할 수 있다.

일본의 보험제도

아이들이 아파서 병원에 가면, 보험이 잘 되어 있어서 치료비도 많이 안 들어, 고맙게 생각했다. 큰 아이가 한국에서부터 잠복해 있던 소아병이 도착 후 발견되어 동네 소아과 의사 소개로 국립소아병원을 다녔다. 택시 기본요금으로 갈 수 있는 곳이라 그것도 다행이었다. 창구에서 "Excuse me"하니까 창구 직원이 속에 들어가 한참 만에 여의사를 데리고 온다. 일본식 발음이긴 했으나 알아들을 정도는 되어 의사소통도 기본적으로는 되고 영어를 사용하는 것도 보탬이 되어 친절한 대응을 받았다.

필자는 어려서부터 건강체질이라 아이출산으로 입원한 게 최초의 입원으로 병치레와는 거리가 멀었다. 그러다 박사 논문을 쓴다고 자료수집, 데이터 처리와 분석, 논문작성 등으로 하루에 14시간 씩 몇 년을 앉아 있었더니 잠시도 한 군데에 서 있을 수 없을 정도로 힘이 들었고, 1990년 3월에는 결국, 걸음을 옮길 때 다리 쪽에 이상을 느껴 병원에 가보니 척추에 이상이 생긴 걸 알게 되었다. 일본인 친구 S상에게 의논하니 나와 같은 증상의 환자들이 전국에서 몰려들어 진료에 6개월 이상 기다려야 한다는 社會保險中央病院을 소개받았다. 나 역시 신청하고 6개월이 되니 오라고 연락이 와서 가보니, 수술하지 않으면 고칠 수 없는 병이었다. 1990년 7월 수술을 받아 입원한 병동은 산부인과 병동이었다. 그 시절 이미 일본 여성들은 출산율이 낮아 비어있는 산부인과 병동에 다른 과 환자들이 입원한 경우가 많이 보였다. 6인용 병실에 3명이 같은 병으로 수술을 받은 환자들로 입원 중 서로 가까워졌다.

의사는 65세가 지난 것으로 보이는 연세 지긋한 분이었는데, 전국에서 환자가 몰려올 정도로 의술이 좋은 분이었고, 친절하신 분이라 설명도 꼼꼼히 해 주고 퇴원 시 주의사항도 자상하게 설명해주어 고마웠다. 의료비도 본인이 30%만 내는데 상당히 저렴하여 한국 지인들에게 들은바, 한국보다 더 싸다고 했다. 퇴원 후, 정기검진 시 인삼차를 간호사를 통해 전달했더니 '잘 먹었다'고 인사까지 하시어 별 것도 아닌데 송구스럽기까지 했다. 물론, 보험종류는 다른 것도 있으나 체류 외국인인 필자에게 해당되는 보험은 상기 보험이었다.

이해할수록
잘 보이는
日本

5

일본에 대한 새로운
시각

이 해 할 수 록 잘 보 이 는 일 본

일본에 대한 새로운
시각

異文化 적응기에 이르는 과정별 특징

이 章에서는 필자를 포함한 외국인들이 수년간 일본에서 공부하고 생활하면서 일본문화에 적응해 가는 과정을 다음과 같이 정리한 것을 가지고, 의사소통오해나 갈등에 초점을 맞추어 각 시기별 특징에 대해 서술하고자 한다.

제1기 : 흥분기

일본사람들은 외국인이 일본어로 간단한 인사말만 구사해도,
 "日本語うまいですね(일본어 잘하시네요!)"
하면서 칭찬해준다. 일본 사람들의 의식 속에는 외국인들은 일본어를

못한다는 선입견이 있으며, 따라서 외국인들이 일본에 체재한 시간이 짧을수록, 또 일본어가 서투를수록 일본인들은 친절하게 대하는 경향이 있다. 이 시기는 외국인을 손님으로 대하여 너그럽게 봐주기 때문에 일본어 문법이 좀 틀려도 즉 언어능력(linguistic competence)이 모자라도 심각한 의사소통오해나 갈등은 일어나지 않는다. '손님'쪽에서도 이 시기를 특징짓는 표현(흥분기) 그대로 새로운 환경에 흥분하여 새롭고 신기하고 좋은 것만 보이고 뭐가 뭔지 잘 모르기 때문에 새로운 환경이나 사람들과의 관계, 주위에 일어나는 일들에 대한 오해나 갈등에 직면할 여지가 그리 많지 않다.

제2기 : 실망 / 望鄕(homesick)기

외국인들이 일본에 가서 살면서, 시간이 흐름에 따라 흥분이 가셔 가면서 실망기가 온다. 내가 가진 기대와 다른 현실에서 오는 실망으로 향수병에 걸리며 이 시기에 의사소통오해나 갈등이 제일 많이 일어난다. 한국인이 일본에 처음 가면 외부환경 면에서는 서양의 다른 여러 나라들에 비하면 생소함을 비교적 덜 느낀다고 할 수 있다. 또 일본과 한국은 다른 여러 나라들과 비교하면 상대적으로 많은 유사성도 찾을 수 있다. 그러나 시간이 흐르면서 문화, 사회구조, 사람들의 의식에서 상당한 차이를 발견하게 된다. 서양사람들에게라면 처음부터 기대도 안 했을 것을, 서로의 얼굴 모습이 비슷하고 종교에 관해서도 믿는 방법이나 구체적인 내용에서는 상이한 점도 보이나 유교와 불교를 공유하고 있는 동양인이기에, '서로 같을 것이다'라는 기대감을 지니게 된다. 예를 들어 한국인의 경우에는 '일본문화는 다른 문화며, 일본인은 다른 의식과 사고방식을 갖고 있다'는 사실을 자각하기보다는 '나와 같을 것이다'라는 기대를 하고 있다가 그 실망이 더욱 크게 나타난다. 개별적인 대인관계나 사회전반에 대한 오해나 갈등이 실망을 야기하며, 이러한 실망감은 현실에서 도피하고 싶은 심정을 갖게 하고 결국 고국에 대한 그리움으로 발전하고 마는 것이다. 이 시기에 어떻게 대처하느냐는 본인의 성격과 자세, 목표가 중요한 요인으로 작용하여, 잘 극복하여 다음 시기로 넘어가던가 좌절하여 도중하차하고 만다.

이 시기가 되면 언어구사도 개인차는 있으나 큰 불편이 없고, 새로운 환경에 어느 정도 익숙해져 있다. 이쯤 되면 일본인들 쪽에서도 손님을 대하듯 하던 태도는 사라지고 이해관계도 따지게 되는 태도를 취하게 되어 아직 일본어나 일본문화를 숙지하지 못하는 '손님'으로서는 섭섭하고 야속한 심정까지 생겨 의사소통오해나 갈등을 증폭시키는 결과를 빚게 되는 것이다. 오히려 외국인이 일본어가 서투를수록 모국어 화자인 일본인들은 그들을 친절히 대하여 외국인의 일본어 숙달과 일본인들의 친절이 반비례하는 경향까지 보인다. 이는 밖에서 들어온 '손님'에 대한 모국어 화자로서의 우월감에서 나온 너그러움에서 '손님'이 경쟁상대로 여겨지면서 갖게 되는 자기 영역의 침범이라는 위기의식이나 질투 같은 심정으로 바뀌는 것으로 해석할 수 있다.

　이 시기에 일어나는 의사소통오해나 갈등은 문화, 의식, 언어 모든 면에서 나타난다. 문화면에서는, 'お返し文化(선물을 주고받는 문화)'에서 일어나는 오해나 갈등을 한 가지 예로 들 수 있다. 한국인들은 배포가 크고 큼직한 것을 선호하여 큰 선물을 한다든가 손님 대접을 융숭하게 하는 경향이 있는데 비해, 일본인들은 선물의 크기보다는 주는 사람과 받는 사람간의 친밀감을 계산하여 그에 상응한 정도의 선물을 하든가 손님 대접도 일정한 선을 그어놓고 그 선 안에서 하는 경향이 있다. 이러한 경우 한국인으로부터 지나치게 큰 선물을 받은 일본인은 고마워하기보다는 당황하는 경우가 많고, 반대로 일본인으로부터 기대에 못 미치는 대접이나 선물을 받은 한국인 또한 놀라거나 섭섭해하는 경우가 많아 兩者간에 異文化間 의사소통오해나 갈등이 생긴다. 이런 경우에 생기는 오해나 갈등은 한국의 '人情'과 일본의 '思いやり(상대방에 대한 배려)'와 얽혀있어 매우 조심스럽고 섬세하게 다루어야 하는 異文化間의 의사소통오해나 갈등이다.

　한국과 일본의 선물 문화에서 가장 다른 점은 선물하는 동기와 마음의 차이에 있다고 할 수 있다. 한국에서는 주는 쪽의 人情이나 주고 싶은 마음을 그대로 직설적이고 솔직하게 표현하는 것에 비중을 두며 받는 사람 쪽의 심적 반응에 대한 고려에 두는 비중은 비교적 낮다고 할 수 있다. 반면 일본은 받는 사람이 느낄 심적 부담까지 고려하는 것에 비중을 두어 행동한다는 점에서 양국의 선물 문화는 크게 다르

다. 한국은 '人情'에, 이에 비해 일본은 '思いやり'에 중점을 둔다고 할 수 있다. 대접문화의 차이는 또 다른 기준에서 그 차이점을 설명해야 한다. 한국은 선물 문화와 같은 기준으로 설명할 수 있으며, 일본은 한국과는 비교가 안 될 정도로 아주 가까운 사람만 집으로 초대하거나 대접하는 점에서 다르다. 그러나 일본도 외국체재 등으로 외국문화를 접한 사람들은 전형적인 일본인들의 척도에서 벗어나는 행동을 하여 예외적으로 다루어야 하며, 한국도 시대의 흐름과 더불어 생활이 바빠지면서 초대나 대접 문화도 이전과는 다른 형태로 변화되어 가기 때문에 양국의 차이를 단정짓기에는 어려운 점이 있다.

牧野(1996)에서는 일본의 선물 답례 행위는 공감을 느끼는 사이나 인연이 있는 사람들 사이에서만 성립한다고 말하고 있을 정도로 한국보다 선물을 주고받는 범위가 제한되어 있다고 말할 수 있다. 또한 牧野는 일본의 '人情'을 논하면서 한국의 '人情'을 단순히 '人の心(사람의 마음)' 정도로 소개하고 있고, 人情과 '思いやり'를 비슷하게 보면서 상대방 중심이라고 말하고 있으나 필자의 생각은 조금 다르다. 현재 집필중인 필자의 拙文, '韓国人の人情と日本人の思いやりの比較研究'에서도 밝혔듯이 人情은 한국인을 설명하는 몇 가지 특성 중에서 특히 한국인의 정서를 특징짓는 주요어(key word)라 할 수 있으며, '사람의 마음'보다는 더 깊고 따뜻하고 끈끈하다고 할 수 있다. 한국의 '人情'이나 일본의 '思いやり'나 모두 상대방에 대한 따뜻한 정서라는 점에서는 공통되나, 굳이 비교하자면 '人情'을 '나' 중심적이라고 한다면 '思いやり'는 상대방의 입장을 고려한 '상대방' 중심이라는 점에서 다르다고 할 수 있다. 언어 면에서도 한국인들은 생각한 것을 솔직하게 이야기하고 직접표현을 선호하는데 비해, 일본인들은 '建て前(tatemae)'와 '本音(honne)'가 있어서 역시 많은 의사소통오해나 갈등이 생긴다. '建て前'는 어디까지나 대외적 명분이고, '本音'는 속마음을 뜻하는데, 어디까지가 '建て前'고 어디서부터가 '本音'인지 헤아리기 어렵고 이로 인해 외국인들은 상당한 좌절감과 곤란한 심정에 빠지게 되는 경우가 많이 발생한다. 이와 같이 서로 자기 문화의 규범이나 관습에 따라 행동했을 때 양국인들 사이에는 많은 의사소통오해나 갈등이 일어난다.

이 시기를 적극적인 자세로 극복하기 위해서는 위에서 말했듯이 본인의 노력이 필요하다. 넓게는 사회일원으로 일본사회에 열심히 참여하여 일본사회를 이해하고 일본문화를 배우고자 하는 자세와, 좁게는 주위의 일본사람들과 커뮤니케이션을 원활히 행하고자 하는 노력도 필요하다. 동시에 일본에 관한 서적을 통해서도 이해도를 높이며, 한마디로 말해 눈과 귀와 입을 항상 열어두고 배우고자 하는 자세로 이 시기를 성공적으로 극복하면 다음 3기인 이해기에 이르나, 좌절하면 조기귀국에 이르는 경우도 일어난다.

일본인들 측에서도 '손님'의 일본어 구사가 잘 되고 일본생활이 익숙해졌다고 해서 금방 기대치를 높여 일본어(host language)와 일본사회·문화의 잣대로 평가하기보다는 열린 마음으로 좀 더 시간을 가지고 지켜봐 주는 자세가 兩者間의 갈등의 폭을 좁히는데 도움이 된다고 생각한다.

제3기 : 이해기

이 시기에 이르는 사람은 심정적으로는 일본 사회에 대한 이해도가 높아져 있다. 그러나 상대방 문화를 이해하는 문화능력(cultual competence)과 커뮤니케이션 능력이 부족하여 의사소통오해나 갈등이 많이 일어난다. 그래도 상대방 문화를 배우고 이해하려는 노력과 적극성이 새 문화 적응을 도와준다. 이 점은 Kim(1997)에서도 지적하고 있다. 일본사회에 열심히 참여하여 생활하고 또 적극적인 성격으로 일본인 친구를 만들어 의사소통오해나 갈등이 생길 때도 그 친구에게 하소연이나 상담 등을 통해 문제해결이나 어려움을 극복하고자 한다. 특히 친구의 존재는 그 친구가 속한 사회에 대한 이해도와 호감도를 증진시키며 일본인이나 일본사회에 대한 의사소통오해나 문제가 생겼을 때 갖게 되기 십상인 사회전체에 대한 적대감을 軟化시킬 수 있다는 점에서도 매우 중요하다. 이러한 과정을 거쳐 적응기에 도달하는 것이다.

제4기 : 적응기

　이 시기가 되면 상대방 문화로부터 배울 것은 배우고 상대방 문화가 자연스럽게 몸에 배게 되는 시기다. 그리고 내 문화와 다른 상대방 문화도 다른 점을 단지 다르다는 이유로 흉보거나 배척하지 않고, 다르다는 것을 인정하고 있는 그대로를 받아들이며, 원하지 않는 것은 객관적이고 담담하며 중립적인 자세로 버리거나 선택하지 않는 태도를 보인다. 언어와 문화의 습득은 이해기와 적응기를 거치면서 점점 더 발전되어 간다. 이해기와 적응기에도 의사소통오해나 갈등은 일어나 문제에 대처하는 자세와 해결방법이 감정적, 주관적이기보다는 이성적, 객관적이라는 점이 실망기와 다르다.

　이해기와 적응기에도 'お返し文化'나 '建て前'와 '本音'를 둘러싼 오해나 갈등은 얼마든지 일어날 수 있고 또 일어나고 있으나, 단지 받아들이는 자세와 대처하는 태도나 방법이 이 전 시기와는 다르다. 이해기에 이르기 전 단계에서는 실망과 좌절감이 분노나 적대감으로 발전하는 경우도 있지만, 이해기 이후에는 내 문화와 남의 문화가 다르다는 점을 인정하여 있는 그대로 받아들이는 자세를 갖게 되는 것이다. 종합해보면 상대방 언어의 習得은 가능해도 異문화의 습득이나, 커뮤니케이션 능력(communication competence)의 習得까지 이르는 것은 난해한 것을 알 수 있다. 물론 개인차가 있어 '손(客)'이 적극적으로 또 열심히 주인 쪽 언어나 문화(host language/culture)를 배우고 받

아들일 수록 습득이 빨라진다. 동시에 받아들이는 쪽에서도 열린 마음과 태도로 대해줄 경우 '손'의 이해와 적응에 도움이 된다.

이와 같은 異文化 적응에 관한 과정별 분류는 필자 자신의 15년간의 일본체재경험을 토대로 한 연구에 의해 이루어졌다.

여기까지 異文化 적응에 이르는 과정을 시기별로 서술했으며, 다음에는 한국어와 일본어 사용에서 나타나는 의사소통오해나 갈등에 대해 구체적인 데이터를 토대로 논하고자 한다. 의사소통오해나 갈등은 한국어와 일본어 각 언어에 있어서(intralanguage)나 한국어와 일본어간의 사용(interlanguage)에서도 일어나는 경우가 있으며, 여기서는 둘 다 다루기로 한다.

한국인과 일본인의 상호평가

이제까지 고찰한 양국인의 언어행동을 뒷받침하는 조사로서, 양국인이 서로 자국민과 상대국의 사람에게 대해 가지고 있는 느낌에 대해 열린 질문 형식으로 설문과 인터뷰를 시행했다. 양국인이 각각 자국과 상대국의 사람들에 대해 가지고 있는 긍정적인 면과 부정적인 면에 대한 평가에 대해 대조, 분석한 것이다.(2003, 2006, 2009 조사)[1]

---

[1] 2006년 조사
   조사대상자 수 : 한국인(20대~60대 126명 / 남성 78명, 여성 48명)
                일본인(20대~60대 74명 / 남성 36명, 여성 38명)

▶ **한국인이 한국인을 평가할 때 긍정적으로 보는 면**

정이 깊다, 솔직하다, 배려한다, 사람들의 부탁을 잘 들어준다, 직접표현을 사용해 알기 쉽다, 친절하다.

▶ **한국인이 한국인을 평가할 때 부정적으로 보는 면**

성격이 급하다, 무례하다, 배려가 없다, 개인주의/이기주의, 감정적이다, 공격적이다, 뻔뻔하다, 질서가 없다.

▶ **한국인이 일본인을 평가할 때 긍정적으로 보는 면**

배려한다, 친절하다, 예의 바르다, 겸손하다, 질서를 잘 지킨다, 사생활을 존중한다, 계획적이다.

▶ **한국인이 일본인을 평가할 때 부정적으로 보는 면**

겉과 속이 다르다, 이기주의, 개인주의, 냉정하다, 차갑다, 예의적/형식적이다, 느리다, 답답하다.

▶ **일본인이 일본인을 평가할 때 긍정적으로 보는 면**

남을 배려한다, 사려 깊다, 남에게 폐를 끼치지 않는다, 겸허하다, 언동이 부드럽다, 예의가 바르다, 정중하다, 신중하다, 얌전하다

▶ **일본인이 일본인을 평가할 때 부정적으로 보는 면**

애매하게 말한다, 간접적으로 빙 둘러서 말한다, 본심과 속마음이 다르다, 본심을 알 수가 없다, 자신감이 없다, 자기주장이 약하다, 소극적이다, 행동력이 약하다, 자신의 의견을 말로 분명히 말하는 것을 잘 못한다.

▶ 일본인이 한국인을 평가할 때 긍정적으로 보는 면
정이 깊다, 우정을 중시한다, 가족을 생각하는 마음이 크다,
직선적이다, 자기주장이 강하다, 직접적이다, 정열적이다, 힘이 있다,
뜨겁다, 적극적이다, 열심이다, 활기가 넘친다, 건강한 편이다.

▶ 일본인이 한국인을 평가할 때 부정적으로 보는 면
자기주장이 강하다, 배려가 없다, 자기중심적이다,
다른 사람에 대한 이야기를 듣지 않는다, 뻔뻔하다, 부탁이 많다,
감정적이다, 대충대충 일을 처리한다, 공격적이다, 싸움을 많이 한다.

한국인에 대한 긍정적인 이미지 중에서 '정이 깊다'가 한국인과 일본인 모두로부터 제 1위를 점하고 있다. 또, 한국인에 대해 안고 있는 부정적인 이미지 중에서 한국인과 일본인 모두가 '배려가 없다'를 들고 있다.

세부적으로 보면 다음과 같다.

▶ 한국인이 한국인에 대해 갖는 부정적인 평가에 대해
1) 무례하다, 배려가 없다, 감정적이다, 뻔뻔하다, 질서가 없다 등과 같은 일본인이 한국인에 대해 갖는 부정적인 평가와 거의 공통된다.
2) 성질이 급하다 역시 일본인이 한국인에 대해 갖고 있는 부정적인 면이다. '대충대충 일 처리를 한다'와 겹쳐지는 점이 많다. 급한 성격으로 인한 거친 행동과, 결과적으로 일 마무리를 깔끔하게 하지 못하고

대충하는 경우를 볼 수 있다. 대충대충 마무리하는 특징을 가장 극명하게 나타낸 사건이 1994년, 1995년 연속하여 일어난 성수대교, 삼풍백화점 붕괴사건이다. 88올림픽을 기점으로 경제성장에 박차가 가해지고, GNP 2만불을 눈앞에 두고 있다고 자찬하는 분위기가 만연해 있던 시기에 일어난 사건으로, 가슴 아프지만 이 사건을 교훈으로 이런 사고가 두 번 다시 일어나지 않기를 우리 모두 바랐지만 그 후의 사회상을 보면 이 교훈을 과연 얼마나 선하게 활용하였는지 반성해야 하지 않을까?
3) 공격적 : 일본인이 한국인의 긍정적인 면으로서 평가한 '적극적'의 역기능으로 보여진다.

▶ 한국인이 일본인에 대해 갖는 긍정적인 평가에 대해

일본인이 일본인에 대해 갖는 긍정적인 평가와 같이, 모든 항목이 '상대에 대한 배려'를 나타내고 있다.

▶ 한국인이 일본인에 대해 갖는 부정적인 평가에 대해

1) 냉정하다, 차갑다 : 일본인이 한국인에 대해 갖는 긍정적인 평가인 '정열적/뜨겁다'와는 정반대이다.
2) 겉과 속이 다르다. 일본인이 일본인에 대해 갖고 있는 '본심과 속마음이 다르다, 본심을 알 수 없다'와 표현은 다르나 동일한 평가라 할 수 있다.

▶ 일본인이 일본인에 대해 갖는 긍정적인 평가에 대해

모든 항목이 상대에 대한 배려/상대에 부담을 지우지 않는 점에서 공통된다.

▶ **일본인이 일본인에 대해 갖는 부정적인 평가에 대해**

'말'에 대한 것이 많고, 일본인이 한국인의 특징으로서 평가한 '자기주장이 강하다'라는 것과 반대이고, 일본인 스스로 자기주장이 약한 점을 부정적으로 평가하면서도 자기주장이 강한 한국인의 특징을 부정적인 면으로서 보고 있다고 이해할 수 있다.

▶ **일본인이 한국인에 대해 갖는 긍정적인 평가에 대해**

한국인의 긍정적인 면을 한 일본인은 '뜨겁다'라고 표현을 했다. 이 표현은 일본인들이 한국인의 긍정적인 면에 대해 평가한 다양한 표현을 하나로 함축한 표현이 아닐까 하는 생각이 든다.

▶ **일본인이 한국인에 대해 갖는 부정적인 평가에 대해**

일본인이 한국인에 대해 갖는 부정적인 평가들을 한마디로 표현하면, '자아가 강하다'라고 요약할 수 있지 않을까?

양국인이 서로 자신이 가지고 있지 않은 상대의 기질을 보는 방식에 따라 긍정적으로 평가하거나, 부정적으로 평가하거나 하는 것을 알 수 있다.

위와 같이 한국인과 일본인 서로가 느끼는 자국민 평가와 상대방 평가에 대해 조사한 결과를 살펴보았다.

한국이 단기간에 압축성장을 이루다 보니 그 부작용으로 인해 수많은 가슴 아픈 사건사고와, 때로는 어처구니없기까지 한 사건사고들이 끊임없이 일어날 때마다 전문가들이 미디어에 나와 그 원인과 처방을 말하곤 해 왔다. '소 잃고 외양간 고친다'는 말처럼 뒤늦은 처방들이 제대로 안 지켜지고 다시 그와 같은 사고들은 반복되어 일어났다. 한일 양국민들이 스스로에 대해, 그리고 상대방에 대해 내린 위 평가가 우리 모두가 스스로를 돌아보는 계기가 되어 과거보다는 나은 미래를 만들어 나가는데 도움이 되기를 바란다.

다음은 필자 가족의 일본관을 간략하게 소개하기로 한다. 부모들과 거의 같은 기간을 일본에 산 아이들은 일본에 대해 어떻게 생각하는가? 일본에 대한 인식이나 느낌이, 회사의 주재원으로 와서 일한 남편이 다르고, 학생, 주부, 대학강사를 한 필자가 다르고, 아이들이 다르다.

가족 모두 공통적으로 국내에서 학교 역사 수업을 통해 한국과 일본의 역사에 대해 공부했다. 남편은 회사 주재원으로 와 일하며 소위 영업이익을 창출하기 위해 이해상관이 관련된 순간이 많았으리라 여겨진다. 그러나 특별히 한일 과거 역사를 들추며 얘기하는 걸 본 적이 없고 감정적 갈등 또한 그의 성격상 별로 드러내지 않았다.

가족 중 아이들은 일본을 세계 여러 나라 중 하나로, 즉 객관적으로 바라보는 시야를 갖고 있다. 예를 들어 어떤 민사 사건이 생겨서 가해자를 찾는데 미온적인 담당 형사에게 필자가 "우리가 외국인이라서 그런 건 아니지요?" 하며 협조에 미온적인 데 대해 지적한 걸 경찰서에서 나온 아이들(당시 둘 다 고등학교 학생)은 필자를 비난했다. "지금 상황에 외국인 운운이 왜 나와요?" 한다. 일본에서 외국인으로 살면서 아들이 당한 사건에 속상해하는 엄마의 마음도 충분히 이해하나, 아이들의 객관적 태도에서 가족들 사이에서도 일본관의 차이를 느낀 사건이었다. 그때 한국에 이미 귀국해 있던 남편도 전혀 흥분하지 않는 모습을 보며 남성의 특성, 성격차로 이해했다.

문화는 우열이 아니고 다를 뿐

매 학기 수업에서 학생들에게 늘 강조하는 점이 異文化간 차이를 우열이 아니고 차이로 받아들여야 한다는 점이다. 그러면서 국내의 예부터 시작하여 나라간의 문화의 차이로 확대하여 강조하곤 한다.

같은 부모 밑에서 태어난 형제도 서로 다르고, 결혼하기 전 오랫동안 몸담고 살던 친정 문화와 시가(媤家) 문화가 다르고, 이 땅의 옛 나라들, 백제와 신라의 관계, 조선시대 500년 안동 김씨의 세도로 오랜 세월 동안 영남권이 세력을 지녔던 시절의 영향으로 인한 영호남 지역주의, 이 모든 것이 문화의 차이이듯이 나라와 나라가 다르고 문화와 문화가 다른 것은 우열이 아니라 차이로 인정하는 것이 異文化 소통의 첫걸음이고 국제화의 첫걸음이라고 강조한다.

70년대 말부터 15년간 체재하면서 일본에 대해 공부하고, 가르치고, 주부와 아내로, 아이들을 키우면서 배우고 느끼고 경험한 것을 기초로 하여, 귀국 후 교육현장에서, 삶의 현장에서, 일본을 객관적으로 전하려고 노력해왔다. 필자가 조오치대 평생학습센터에서 조오치대 교직원과 외부 직장인들을 대상으로 하여 한일 비교문화를 3년간 가르칠 때, 일본인들이 가장 궁금하고 알고 싶어 한 것이 현재의 한국인이 일본인과 일본을 어떻게 생각하는가 하는 것이었다. 가능한 한 객관적 통계와 자료를 토대로 가능한 한 본인의 주관을 배제하고 한국편도, 일본편도 아닌 양국의 중간에 서서 바라본 경험과 관점을 객관적으로 소개하려고 노력해왔다.

최근에는 해마다 적게는 한 번, 많을 때는 두, 세 차례씩 일본을 방문할 때마다 "한국과 일본의 문화는 다르다"는 느낌을 재차 삼차 확인하고 온다. 서로가 서로의 좋은 점을 배우고 모방을 통해 새로운 문화로 발전해 나가리라 믿으며, 단편적이며, 부분적이고 일시적인 '한류'보다는 장기적 안목에서 서로를 배우고 상호 보완하여 선한 영향을 끼치는 이웃이 되기를 소망하여 마지않는다. 그리고 필자는 이를 위해 교육과 삶의 현장에서 서로에게 서로의 좋은 점을 열심히 전하고 가르쳐야 할 소명을 늘 가슴 속에 품고 있다.

최근에 일본 드라마 '바람의 정원(風のガーデン)'을 감동적으로 보았다. 광활한 홋카이도(北海道)의 후라노(富良野) 지역의 아름다운 정원을 배경으로 펼쳐지는 3대에 걸친 가족간의 따뜻한 가족애를 그린 드라마인데, 볼 때마다 두 나라 사람들의 '문화의 차이'를 새삼 느낀다.

바람을 핀 아들이 아내(주인공의 아버지에게는 며느리)의 임종을 지키지 못하자, 장례식을 마치자마자 아버지는 "너는 아이들 아버지로서 자격이 없으니 오늘로 나와의 부자의 인연은 마지막이고, 두 번 다시 후라노에 발을 들여놓지 말라"고 한다. 때문에 주인공은 6년간 두 자녀 중, 장녀가 15살에서 21살로, 아들이 8살에서 14살이 될 때까지 아버지와 약속을 지키기 위해 한 번도 고향 후라노에 가지 못 한다. 그러다 말기 암에 걸려 후라노에 가서 정원 구석에 숨어서 지켜보다 결국 딸에게 들키고, 아버지에게도 그 사실이 알려진다. 아버지가 주인공이 숨어 있는 밴으로 찾아와 집으로 들어와 마지막을 맞이하라고 하여, 주인공은 집에 들어가 어릴 때 쓰던 방에서 투병하다 두 달이 채 못되어 세상을 뜨는 내용이다.

볼 때마다, 한국인은 아버지에게 이렇게 심한 말을 들었어도 아들은 그러려니 하고 예전같이 아버지 집에 가고, 아버지도 못 본 체 넘어갔으리라 생각한다. 부모자식 간에도 끊을 땐 철저히 끊는 일본인들의 의식에 대해 부모자식간의 관계가 끈끈한 한국과 다르다고 느꼈다.

이런 느낌은 결코 어디가 더 좋고, 어디가 나쁘다는 게 아니고 '문화는 다르다'고 느낀 단적인 예라고 생각한다. 구체적 내용 중에서도 한국과 많이 다른 걸 느꼈다. 극심한 통증에 시달리면서도 마약 패치를 붙여가며 마취과 의사의 업무를 추진하는 모습, 병원 원장에게 사표를 맡기며, "본인도 최대한 노력하겠지만, 사람의 생명을 다루는 일을 하는 본인의 책임감을 충분히 인식하고 있으니 객관적으로 보기에 '아니다' 싶으면 언제라도 그만두게 해 달라"는 각오와 당부를 하는 모습에서 책임감과 프로의식을 느꼈다. 아픈 걸 숨기고 누나를 방문했을 때, 누나가, "이제 아버지에게 용서를 빌고 후라노엘 가지 그러냐"고 하는 말에서도 한국과의 차이를 느낀다. 한국의 경우였다면 집집마다 차이는 있지만, 누나가 아버지에게 대신 말해 주인공을 용서해 주라고 할 것이라는 생각이 든다.

드라마를 본 학생들이 가장 인상 깊었다고 말한 건, 할아버지가 손녀, 손자에게 꼬박꼬박 존댓말을 사용하여 말하는 어법이다. 영화 외의 현실에서도 많은 경우에 어머니는 자녀들의 언어 교육을 위해 존대법을 사용하여 말하는 경우가 많이 있다. 언어 사용에 관한 또 한 가지 중요한 특징은 직접 표현을 사용하지 않고 에둘러 간접 표현을 사용하고, 극단적 표현을 삼가고 부드럽게 표현한다는 점이다. 이러한 부드러운 대화법이 온갖 아름다운 꽃으로 가득한 정원이라는 배경, 죽어가는 주인공의 철저한 직업의식, 서로 용서하는 가족애와 함께 이 드라마를 아름답게 승화시키고 있다.

한일 양국의 나아갈 길

일본문화론의 글이지만 한일 양국의 나아갈 길에 대해 시사하는 바가 큰, 아오키(靑木, 1999), 이누카이(犬養, 1972, 1977, 1991), 시바·야마자키(司馬·山崎, 2001)를 먼저 소개하고자 한다. 그리고 2007년부터 2010년까지 3년간 주 한국 일본국대사로 재직한 시게이에(重家) 대사의 2010년 강연과, 역시 2007년부터 2010년까지 일본공보문화 원장으로 재직한 타카하시(高橋, 2008)의 강연을 소개하면서, 한일 양국의 나아갈 길에 대해 모색해 보고자 한다.

아오키는 80년대 이후의 세계 문화론의 흐름을 요약하고 있다. 서구중심에서 세계 양대 초대국(미국과 소련)의 패권주의로의 변이 속에서 세계 각지에서 일어나는 민족, 문화의 가치와 자주성 인식의 심화를 들고 있는 동시에 미·소 대립이 약화되면서는 다원적 시대로 들어온 것을 언급하고 있다. 서구 근대 절대주의로부터 문화 상대주의로 전환하고 있고, 종교, 언어, 생활양식의 자주적 가치가 주창되고 있다. 세계 각지에 존재하는 개별적 문화는 독자적 자율성을 지니고 있고, 어느 누구도 침범할 수 없다는 것이 UN이념의 기준이 되고 있다. 서구의 가치만을 절대시하던 것으로부터 벗어나 타문화를 서로 존중하면서 공존해간다고 하는 문화론으로 이동해 왔으며 그것은 베네딕트가 주장하는 「문화상대주의」라고 할 수 있다. 그러나 80년대 미국과 서구를 중심으로 「문화상대주의」에 대한 의문 제기가 시작되어, 서구 근대가 만들어 낸 이념과 제도에 의문을 품으며, 다시 인류 전체의 보편적 가치를 인정하여 원점으로 돌아가자는 주장이 강하게 일어났다. 이는 서구 근대주의를 새롭게 보자는 새로운 생각으로서, 새로운 보편주의로의 전환을 의미하며 「보편성」과 「개별성」이 오버랩 되어 진행되고 있다. 심화되고 있는 「일본비판론」에 조용히 귀 기울이면서 열린 마음으로 수용하는 자세가 필요한 시대라고 지적하면서, 그것을 새로운 세기를 전개하는 「세계론」으로 승화하여 일본인의 행동과 역할의 근간으로 삼아 적극적으로 임하자고 주장하고 있다.(필자요약)

아오키는 나치 독일이 붕괴하기 직전에 미국으로 망명한 독일작가 토마스만이 미국에서 한 강연인 「독일과 독일인」을 다음과 같이 요약하고 있다. "좋은 독일과 나쁜 독일이 있는 게 아니고 독일은 하나뿐이다. 좋은 상태의 독일이 악마의 꾀임에 빠져 나쁜 독일이 된 것으로, 즉 좋은 독일이 길을 잘못 들었다는 것이다. 자기혐오, 자기 저주에까지 이르는 자기비판이 진정한 독일적인 것이다. 이렇게 자기 인식 소질을 갖춘 민족이 어떻게 동시에 세계제패를 꿈꿀 수 있었던가 하는 것은 영원히 이해가 안 될 것이다. 독일의 자질과 욕구에 덧붙여 최고의 행운을 가져다주는 사회적 개혁의 길이 나치즘을 청산하는 길인지도 모른다."(필자 요약)

필자 역시 자기 인식 소질을 갖춘 일본 민족이 어떻게 동시에 세계제패를 꿈꿀 수 있었던가 하는 것은 이해하기 어려운 점이다. 아오키 역시 히로시마 나가사키 원폭 투하문제에 대해 패전 후에도 입 다물고 있는 일본을 '일본의 불행'이라고 말하고 있지만, 히로시마 나가사키 원폭 투하 문제를 언급하기 이전에, 먼저 태평양전쟁의 책임에 대해서도 언급할 필요가 있지 않을까?

프리랜서 저널리스트·작가로 여러 해 유럽에 체재하면서 유럽 여러 나라에 대해 많은 저서를 남긴 이누카이(犬養)의 글을 통해 일본

밖에서 본 일본에 대해 살펴보고자 한다.

이누카이의 글은 유럽에서 체험한 사람, 문화를, 일본과 비교·비판하면서 쓴 일본·유럽의 비교론이라 할 수 있다. 책 속에서 그는 파리에 사는 일본 여성과의 대화를 소개하면서 파리, 브뤼셀, 쾰른, 모두 가까운데 서로 복장, 건물, 부엌용품, 삶의 방식 등을 모방하지 않은 걸 보며, 지역적으로 가깝지만 서로 모방하기보다는 각 나라의 관습, 풍습, 개성을 지키려고 하는 심리를 이해할 수 있다고 했다. 유럽이 역사와 문화의 공통 배경을 지닌 유기체이기 때문에 오히려 더욱 서로 다르고 복잡하다고 표현하고 있다. 그는 유럽의 역사 문화를 역사적 고찰을 통해 다음과 같이 정리하고 있다.

유럽 역사 문화를 크게 4가지 요소로 분류하면, 그리스 유산, 로마 문화 유산, 기독교, 게르만전통이다. 이 네 요소가 시대의 변화 속에서 섞이고, 융화되면서 각각의 개성을 만들어 내었고, 그 개성들이 다시 연결, 또는 파괴되면서 지금의 유럽 각국의 독자적 문화가 형성된 것이다. 그가 가장 강조한 것은 토지에 사는 사람들이 만들어 내는 시민 공동체적 생활방식과 규범으로, 그것은 개인의 생활과 집단과의 관계를 상호 희생시키지 않으면서 조화와 긴장에 의해 유지된다.(필자요약) 그는 또한 사람들이 들어간 장소일수록 깨끗하고 아름다운 것을 지적하고 있다. 예를 들어 광장, 거리, 화단 장식, 주택의 모양, 가로수의 심은 방법과 손질 등은 모두 공동체인 마을의 美를 위해 만든 것으로, 이를 유럽 어디를 가나 볼 수 있는 아름다움으로 들고 있다. 그

모습을 보면서 이누카이는 다음과 같이 강조하고 있다. 그 아름다움의 주체자는 정부도, 시설자도, 기업도, 경제성장률도 아닌 「시민자신」으로서, 규범을 만들어 그것을 지키는 시민이야말로 아름다움을 유지하는 주체자여야만 한다는 생각이다.②

이누카이는 유럽 경제공동체가 성공한 배경에는 각국, 각 문화의 개성과 특성을 유지하면서, 지속적인 자기 확인을 통해 국토적 특색을 지키고 성장시킨 유럽 전체의 노력이 있었다고 말한다. 또한 그러한 노력이 있었기에 국제 공동체가 가능하다고 말하면서 일본도 영국 가구, 프랑스 요리, 미국 부엌용품 등을 쫓기보다는 지속적인 자기 확인을 통해 일본적 특성을 유지해야 함을 강조한다.

이누카이(1972)의 지적을 들으면서, 과연 한국은 어떤지 생각하게 된다. 유럽을 보면서 반면교사로 삼아 일본을 생각한다는 이누카이의 말을 읽으며 15년간 일본체재 중 내내, 아니 지금도 수차례씩 일본을 갈 때마다 일본을 보면서 "문화는 다르다"는 생각을 재차 확인하며, 한국에서도 연간 수많은 사람들이 일로, 여행으로, 연수로 갈 때마다 일본을 반면교사로 삼으면 좋겠다는 생각을 한다. 가구, 건축, 도시설

---

② 犬養道子(いぬかいみちこ)『和のヨーロッパ(1972)』 당시만 해도 그의 눈에는 유럽 거리, 마을, 주택의 아름다움에 일본의 그것들이 못 미쳤을지 모르나 지금은 일본도 변화되었다. 필자가 1978년 처음 일본에 가서 1993년까지 살면서 일본의 거리, 마을, 화단을 보면서 한국이 그에 못 미치는 데 대해 부러워했었다. 그러나 한국도 지방자치제가 시작된 이후 전시성 행정, 자치단체간 경쟁심으로 인해 외부로 드러난 면은 깨끗해지고 관리된 면도 없지 않아 있으나, 아직도 시민 스스로의 룰을 지키기보다는 시민들은 아직도 거리에 "침 뱉지 마라, 휴지, 담배꽁초 버리면 벌금"이라는 식의 강제성을 가하지 않고는 무질서함에서 못 벗어나는 안타까운 현실이다.

계, 연극, 미술, 문학, 철학 사상, 종교 등 유럽인들은 몇 백 년이라도 견디고, 생명을 유지하게 강인하게 만들어 유지해 오고 있으며 유럽인들은 이를 전통이라고 부른다. 세월이 흘러도 시대가 변해도 변하지 않는 보편성을 유지하기 위해 유럽인들이 시간과 공을 들이고, 시련을 극복하기 위해 만들어 낸 가구, 종교, 공동체 이념, 도시 이념, 사상, 삶의 형식, 마을과 자연과의 조화 등을 예로 들면서 시련을 이기고 갈고 닦아 만든 전통에 대해 논하고 있다.

전통 유지 면에서 일본은 유럽에 지지 않는다고 믿으며, 한국도 결코 고집스럽고, 배타적이기를 바라는 것이 아니고 전통을 유지하면서 개성을 지키고 갈고 닦음으로써 한국의 한국다움을 유지·보존하길 바라 마지않는다. 이누카이(犬養, 1991)에서는 자기분야 이외엔 나 몰라라 하지 말고 주체적으로 관심 있는 분야에 대해 관심을 갖는 세계인이 되라고 권하며 주재원 등으로 외국에 부임하여 살 때, 그 나라에 적극적으로 융화되도록 노력하라고 일본인들에게 권유한다. 필자 역시 같은 말을 해외에 부임하거나, 유학하는 한국인 주재원, 유학생들에게 권유하고 싶다.

시바(司馬)·야마자키(山崎)「日本人の内と外, 2001」에서는 태평양 전쟁 발발 당시의 재미 일본인을 소개하면서 일본인론에 대해 논하고 있다. 오카다(岡田)는 예일대 일본어 강사로, 남편은 뉴욕주재 일본 모 은행 주재원이었다. 태평양 전쟁 발발 시 일본이 잘못 가고 있다고 판단하여 최후의 일본행 귀국 배에 타야 할 아침에 부부는 숨어버렸다. 2년 간 낮에는 집에 불을 안 켜고 숨어서 지내고, 밤에는 일본식 외등(提灯_{ちょうちん})을 걸어 놓은 걸 누군가 와서 사가는 것으로 겨우 생활을 지탱해가면서, 밤중에 몰래 빠져 나와 영화 보는 게 유일한 즐거움이었다. 2년간 그렇게 지내다 미국이 일본에 이긴다는 예상 하에 해군에 일본어 학교를 만들었을 때 그녀도 다시 일본어를 가르치기 시작했다. 다행히 뉴욕은 일본인이 적어 그들은 강제 수용소에 보내지지 않고 무사히 2년을 보낼 수 있었다. 이런 경우 한국과 일본은 어떠한 태도를 취하였을까? 이렇게 외국인이 한국 또는 일본에서 어려움에 봉착했을 때 한국, 일본사람들은 어려움을 당하고 있는 외국인들을 어떻게 대할까? 관동대지진시의 조선인 학살, 일본이 전쟁에 패해 귀국할 때 철수하는 일본인들에 대한 한국인들의 행동과 오카다(岡田)가 태평양 전쟁 시 뉴욕에서 경험한 것을 어떻게 비교해 볼 수 있을까?

　2010 강연에서 시게이에 대사는 한일관계와 아시아에 관해, 다음과 같이 말하고 있다.

　TIME(2010)에 의하면 아시아의 GDP 중 70%가 한중일의 것이지만, 일본이 중국 외의 많은 아시아 국가들과 협력해야 하며, 또한 아시아만을 생각해서는 안 되고 세계로 시야를 넓힐 필요가 있다고 했다. 한일관계에 관해서도 2010년은 중요한 해이며, 새로운 미래를 향해 전진하는 해가 되고, 공동이익을 위한 협력을 다음 세 가지로 정리하여 양국이 공동이익을 위해 협력, 공동이익 때문에 협력, 공동이익을 찾아서 협력하자고 했다. 전자 두 가지가 현재를 논했다면 세 번째 공동이익을 찾아서는, 즉 미래 지향적 협력을 논했다고 필자는 해석한다. 덧붙여 최근에 들은 적절한 표현이라고 하며, POSCO 창립자인 박태준 회장의 '경쟁하는 친구'를 인용하며, 한일관계가 이렇게 되기를 소망한다고 했다.

구체적인 한일 협력방안으로 그는 다음과 같이 제시한다. 미래지향적인 협력을 하자, 북한의 비핵화를 위해 협력하자, 아시아 지역의 협력과 지역 평화를 위해 협력하자. 또한 FTA 체결은 기업을 위해서 필요하며 관세문제, 환율변동을 해결하면 양국의 기업 및 인적 교류가 증가할 것이고 궁극적으로 서로에게 이익이 될 것이다. 한일 관계는 세계화 지향으로, 투자를 활발히 하여, 더 넓게, 더 멀리 보면서 발전해 나가자, 현재 세계 여러 나라에서 진행되고 있는 ODA 지원 예를 들어, 한일 양국이 협력하여 진행하는 캄보디아 영농 지원, 아프가니스탄 영농과 직업훈련에 대해 소개하며, 세계화를 위해 한국과 일본이 공동으로 손잡고 노력해 나가자고 결론짓고 있다.

타카하시(2008)에 의하면 2006년 교보문고 판매 순위에서 일본 소설책이 1위를 한 책들이 많았고, 2007년에는 100권 중에 42권이 일본 소설이 베스트셀러를 차지했다. 이와 같이 문학부문에서 일본 소설과 문학가의 인기가 상당하다고 할 수 있다. 2007년 당시 한일 여행자가 500만 명으로 20년 전에 비해 다섯 배, 10년 전에 비해 두 배가 증가한 수치이다. 2007년은 조선통신사를 일본에 파견한 지 만 400주년이 되는 해로 조선 통신사는 문화, 예술, 교류의 장으로 당시 에도 서민이나 사무라이들이 붓과 종이를 준비하여 행렬에 서서 기다렸는데, 이는 조선통신사에게 한시를 부탁하기 위해서였다. 이는 오늘날 일본인들이 하네다에서 한류 스타를 기다리는 것과 유사하다고 생각한다. 그렇지만 그 성격에는 서로 다른 점이 있다. 현재 상호교류의 중심에는 일반인들이 있으며, 최근 수년간 한일 축제 한마당이 지속적으로 열리고 있다. 2005년에는 한일 국교 정상화 40주년 기념으로 한일 우정의 해를 시작하여, 2007년에는 한일 축제 한마당 in Seoul이 열렸고 2008년에는 서울 관광의 해로 2009년에는 한일 축제 한마당을 한일 양국에서 성황리에 개최하였다.

여기서 잠시 재일조선인·한국인에 대한 일본인들의 대우에 대해 언급하고자 한다. 일본에서 집을 빌릴 때는 부동산 회사나 동네 부동산 가게를 통해 몇 군데 소개 받고, 함께 구경한 후 결정하는 것이 통상적이다. 이 경우 빌리려는 집이 부동산 회사나 대기업계열 부동산 회사의 집인 경우에는 별로 그런 일이 없으나, 개인이 갖고 있는 경우에는 기분 상할 때가 많이 있다. 또한 개인 계약인지 법인 계약인지를 반드시 묻는다. 그 이유 중 하나는 개인이 임대만기일이 지나고 집을 안 비워줄 경우 임차법에 근거하여 임차인의 권리로 인해 주인(임대인)으로서는 골치 아프기 때문이다. 이 과정에서 '외국인은 안 빌려준다'라고 하며 완곡하게 거절하는 경우도 있다. 재일조선인·한국인이나 동남아인이라 안 된다는 말을 못하기에 다테마에(建前 : 겉으로 드

러난 명분)로는 이런 표현을 사용하나 혼네(本音)는 그들보다 경제적으로 앞서 가지 않는 나라 사람들에 대한 불신과 차별이다. 이렇게 말할 수 있는 것은 소위 선진국이라 불리는 서양 여러 나라 사람들에 대해서는 그런 차별을 많이 찾아 볼 수 없기 때문이다. 일본인의 對외국인관을 단적으로 소개하자면, 그들이 한국이나 중국을 가리킬 경우에는 칸코쿠진(韓國人)이나 츄고쿠진(中國人)이라 하고, 동남아시아인은 토난아지아진(東南アジア人)이라고 한다. 하지만 파란 눈이나 노란 눈의 백인 서양인을 지칭할 때는 그냥 '외국인'이라고 한다.

일본인들이 집을 임대할 때 서양인 외의 외국인을 차별하는 것은 집을 빌려주어 혹, 법적으로 발생할지 모르는 문제점을 미연에 방지하려는 의도도 있지만, 그 밑바탕에 있는 것은 열등감이다. 열등감이 있는 사람들이 남을 차별하는 것이지, 일본에 대한 특별한 우월감도 안 갖고 있고, 일본도 한국도 세계 여러 나라 중의 하나라고 여기는 일본 사람들은 한국인을 객관적 대상으로 여긴다. 한 가지 집고 넘어가야 할 것은, 재일조선인·한국인에 대한 그들의 인식과 한국인 유학생, 파견 나간 주재원들에 대한 인식이 다르다는 것이다. 후자에 대해서는 사는 지역에 따라 다르나, 도쿄나 대도시 중심지에 사는 사람들에 대한 차별은 거의 볼 수가 없다. 물론 아직도 일본 내에서 철저히 차별당하는 사람들은 소위 부락민[3]이라 하여 그들은 거주지역도 다르고, 취

---

[3] 부락민 과거에 도축업 등에 종사하는 사람들을 일본인들이 차별하여 부른 지칭으로,

직도 제한되어 있다.

　일본인들에 대한 피해의식에서 나온 감정적 지칭에 '쪽바리'라는 말이 있는데, 역사교육을 통해 한일관계를 배운 아이들이 학교 다니면서 배워 온다. 우리가 그런 비하표현을 쓰면 그쪽도 '조센진(朝鮮人)'이라고 재일조선인·한국인을 비하하는 말을 쓰는 것과 다르지 않기에 그러한 행동은 지양해야 하며, 특히 글로벌 시대를 향해 나아가는 21세기에는 그러한 의식조차 버려야 한다고 생각한다. 일본인들이 평상시에는 자신의 나라와 사람을 니혼(日本), 니혼진(日本人)이라고 지칭하나 월드컵 응원 등의 경우에는 니뽄(日本)이라 하여 그들의 우월감, 응집력을 나타낸다. 마지막으로 국내에 거주하는 한국인들이 재일조선인·한국인 교포를 어떻게 인식하고 대우하는가에 대해서는 일본사회의 차별을 포함해 언급한 박상현(2010)을 인용하고자 한다. 그 속에서 그는 재일 한국대사관 고급 외교관의 재일교포에 대한 인식도 서술하고 있다. 필자도 일본에 체재할 때 유사한 경험을 통해 동감하는 바가 많기에 인용하고자 한다.

　재일교포에 대한 일본 사회의 차별을 말할 때, 그것과 동시에 우리들은 재일교포에 대해 어떻게 대해 왔는지도 반성해야 할 것이다. 더 나아가 우리는 한국 사회에 있는 외국인, 특히 동남아 외국인들을 차별하지는 않

　그들은 물론이고 그들의 자손들도 거주지역, 취업에 차별을 받고 있다.

는지 되돌아봐야 하지 않을까? 그렇지 않고는 일본 사회 내의 차별에 대해 '우리는 그렇지 않다'고 말할 수 없을 것이다. 나아가 일본 사회의 차별에 대해 비판할 근거도 잃어버리게 되는 것이다.(박상현, 2010)

개인이고, 사회고, 국가이고 간에 실력을 쌓아 힘을 키워야 상호 대등한 교류, 협력이 가능하다고 믿는다. 필자가 처음 일본에 간 1978년에 비해 2010년 현재 한국 경제도 세계 12위권이 되고, 한국영화나 드라마, 인기 배우나 가수에 대한 인지도가 높아진 것은 사실이다. 태평양전쟁 시 강제 이주시킨 미국 내 일본인들에 대한 보상이 일본의 국력이 증가함에 따라 이루어진 것은 주지의 사실이다. 나치의 만행을 독일 스스로, 해외에서도 충실한 내용으로 제작하여 많은 사람들의 방문을 이끌어내는 상설 기념관과 할리우드 영화를 통해 파헤치듯, 일본 스스로 지난 36년간의 통치에 대해 자발적으로 사과하는 행동 역시 필요하다. 이는 한국 스스로 국력을 키워 일본과 진정한 의미에서 대등한 관계가 될 때, 자연스럽게 이루어질 수 있다고 믿는다. 또한 대등한 관계가 될 때, 역대 한국 대통령이 일본을 방문 시 일본 천황의 사과 내용이 미흡하다고 불평했던 것과 달리, 일본 스스로 최고의 예우를 갖춘 사과 언사를 구사할 것이라고 믿는다. 2005년 '한일 우정의 해' 이래 해마다 열리는 '한일 축제한마당'도 축제에 참여하는 젊은이와 일본 문화인들만의 잔치가 아니고 많은 사람들이 자발적으로 참여하여 진정으로 즐기는 날이 되기를 기대한다.

일본에서 80~90년대 사회적으로 이슈화되었던 데카세기(出稼ぎ) 노동자 문제가 있다. 주로 도호쿠 농촌 지방의 남자들이 겨울 농한기를 이용하여 도쿄에 돈을 벌러 나가는 것이다. 대부분 막노동일을 하여 돈을 벌어 봄철에 고향으로 돌아가려는 목적으로 도쿄로 나간다. 그러나 물가가 비싼 도쿄에서 막노동으로 큰 돈을 벌기는 힘이 드는데다, 먹고 자는 데 들어가는 기초 생활비도 상당 액수라 생각보다 돈이 모이지 않는다. 처음 뜻대로 돈을 벌어 고향에 가기가 힘들자 수년 동안 고향에 돌아가지 못하는 사람들이 늘어가고, 따라서 고향에 남아 있는 가족들과의 장기간 이별로 가정 붕괴가 일어나는 것이 사회 문제로 떠올랐다. 필자는 당시 이러한 상황을 취재한 다큐멘터리를 보면서 함께 마음 아파하며 눈물을 흘렸다. 슬픈 것을 보면서 함께 울고, 아름다운 것을 보면서 감동하는 데에는 국경의 차이가 없다고 생각한다. 이렇게 서로 마음으로 슬퍼해주고 기뻐해주는 사람들의 공동체가 한일 양국이며, 서로의 아픔과 기쁨을 함께 나누는 사람들이 늘어날 때 한일 양국의 미래는 밝아지리라 믿는다.

글로벌 시대를 향하여

일본적 편리함을 즐기고, 인사성 바름에 기본 좋아지고, 일본 도시락과 카이세키 요리에 눈과 입을 호사시키고, 깔끔한 노천탕에서 기분

좋게 피로를 풀고, 정갈한 료칸 이부자리의 사각사각하고 보송보송한 느낌을 행복해하곤 했다. 그래도 한국에 돌아와서 필요할 때 아는 사람 통해 부탁하여 일의 진행을 신속하게 할 때는 내심 '일본같으면 어려운 일을, 한국 사회라서 빠르고 원활하게 되는 데' 대해 고마움을 느낀다. 일본의 좋은 점을 칭찬하면서도 때로는 융통성 없는 일본적인 일처리가 답답했던 필자로서 한국의 이로운 점을 향유하면서 스스로의 정체성에 대해 반문 하곤 한다.

"나 ずるい④한 거 아닌가"라고

이미 시게이에(2010)에서 소개한 바와 같이 공동이익을 위해, 글로벌라이제이션을 위해 한일 양국이 협력해 나아가야함은 강조해도 지나침이 없다. 또한 두 나라 관계를 넘어 아시아와 세계 여러 나라에 눈을 돌려 관심을 갖고 협력해 나가는 것도 중요하다.

수년 전부터 유학으로, 국제결혼으로 또는 취업 차 한국에 와 있는 외국인들의 수는 급증하고 있으며⑤, 다문화 가정도 급속도로 증가하고 있다. 유학이나 취업 차 한국에 와 있는 외국인에 대해 열린 마음으로 대해야 함은 물론이고, 한국인과 결혼하여 국내 여러 지역에 살고 있는 여성들에 대한 따뜻한 배려와 적극적 지원 또한 절실히 요구된다.

우리와 다르다고 무시하고 무관심하기 보다는 다른 점을 인정하고,

---

④ ずるい(얌체)
⑤ 09.5.1 현재 대한민국에 거주하는 외국인주민은 1,106,884명으로 주민등록인구 (49,593,665명)의 2.2%이다. (국가통계포털 http://kosis.kr)

나아가서는 그들이 지니고 있는 그들 고유의 문화를 배우고, 그들에게도 자신들의 문화를 소개할 기회와 장을 제공하여, 이를 통해 자긍심, 삶의 보람과 자신감을 갖게 하는 미래지향적 자세로 나아갈 때 명실상부하게 한국과 한국인도 선진국과 선진국 국민이 될 수 있다고 믿는다.

국내에서 살아온 한국인들도 세계로 시야를 넓혀 넓게, 멀리 보고, 이 세상에 한국 외의 여러 나라와 문화가 존재하고, 한국인 외의 여러 민족이 공존한다는 것에 대한 자각이 필요한 때이다. 이렇게 할 때, 끊임없이 일어나는 국가, 민족간 갈등, 자원 부족, 세계 도처에서 빈번하게 발생하는 기근, 홍수 등의 자연 재해, 각종 공기, 토양, 황사 등의 오염과 공해 같은 어려운 환경에서도 희망을 가질 수 있다고 믿는다.

한국은 역사상 많은 外侵과 이념차이로 인한 동족상잔 등, 많은 고난의 역사를 견디고 극복하면서 좁은 국토에 조밀한 인구밀도를 갖고 자원도 부족하지만 국민 특유의 저력으로 세계 상위권 경제성장을 이루어내었다. 그러나 아직 사회도처에서 단기간의 압축성장으로 인한 부작용들이 여전히 발견된다. 최근에 일어난(2010년 8월) 서울 시내버스 폭발사고, 2003년 일어난 대구지하철화재 등에서 보이는 책임의식의 결여와 사회불평등에서 야기된 병폐, 이 외에도 안전 불감증으로 인한 수많은 크고 작은 사건, 사고 등을 보면 한국 경제가 아무리 세계 12위권에 든다 하더라도 선진국에 들어간다고 자찬하기에는 이른 감이 든다. 경제 수준과 사람들의 의식, 문화 마인드가 함께 성장하기엔 아직도 가야 할 길이 먼 것이 안타깝지만, 이것이 한국의 2010년 현재의 사회상이라고 자인할 수밖에 없다. 다행히 잠재력과 순발력이 뛰어난 민족성을 발휘하여 앞으로 어떻게 성장, 발전해 갈 것인지 모두의 예지를 모으면서 스스로를 돌아볼 때라고 여겨진다. 일(一) 개인에게도 실력과 인격을 겸비한 통전성(integrity)이 요구되듯이 한 국가도 힘과 덕목을 함께 겸비했을 때 국제적으로 존경받는 진정한 의미의 선진국의 일원이 될 수 있다고 믿는다.

일본에 15년간 살 때에도, 귀국 후에도 자주 느끼는 것 중의 하나가 두 나라의 특징이 서로 닮아가는 모습이다. 일본에서 유행하는 패션은 물론이고, 바람직하지 않은 풍속까지도 빠른 시간 내에 한국에서도 유행하는 원인으로 지리상 인접해 있는 지정학적 요인과 빈번한 왕래와 교류를 꼽을 수 있을 것이다. 얼굴도 닮고, 서로 영향을 끼치는 건 어쩌면 자연스러운 현상일지도 모르나 "이런 것만은 안 닮았으면 좋겠다"라고 생각했던 일본 사회의 특징까지 한국사회에 빠르게 확산되는 것은 안타까운 일이다.

일본인들의 장점 중 하나인 예의 바른 인사성과 남에 대한 배려, 경우 바른 태도 등은 배워와도 좋은 특징일 것이다. 동시에 우리가 자랑으로 여기던 한국인의 따뜻한 인정은 시대가 바뀌어도 지속해가길 소망하는 장점 중의 하나인데, 시대의 변천과 더불어 인정은 엷어지고 삭막한 사회로 변화하고 있는 점은 안타깝다.

조오치(上智) 대학원 1년 차 첫 크리스마스 때 유학생 센터에서 외국인 유학생들을 초청하여 송년파티를 할 때 당시 유학생 센터장이

시던 이탈리아 국적의 예수회 신부님이신 교수가 인사말에서 하신 말씀이 다른 문화권 사람들에 대해 우리가 가져야 할 마음가짐이라고 느껴져 소개한다. "사람은 같은 것 같으면서 다르고, 다른 것 같으면서 같다." 이러한 생각이 필자의 異文化관과 異文化 커뮤니케이션의 기초가 되었다고 생각한다.

귀국 시 드린 감사 기도 중, 평생을 통해 친구로 지속될 정도로 좋은 친구를 주심에 대한 감사를 드리며, 재물은 하루아침에도 얻을 수 있으나, 결코 하루아침에 얻을 수 없는 인생의 소중한 친구를 일본 땅에서 얻고 온 것에 대해 감사 드렸다.

4년에 한번 올림픽이 열릴 때마다 한국은 금메달 수를 미리 예상하고 국민들의 기대치를 높여놓는다. 특히 월드컵 시즌에는 언론에서 다른 나라에게는 몰라도 일본에게만은 반드시 이겨야 한다는 의지를 강력하게 어필한다. 필자는 어느 운동 경기 종목에서든, 어느 나라 선수가 금메달을 따든 가슴이 뭉클해지고 눈시울이 뜨거워진다. "그 자리에 서기까지 얼마나 많은 시간을 피눈물 나는 고생을 했을까?" 하는 마음이 들기 때문이다. 이제 우리도 일본에게만은 반드시 이겨야 한다는 다소 편협한 마음보다는, 어느 나라 선수든지 마음으로 응원해주는 글로벌라이즈(세계화)된 마음을 갖게 되기를 바라는 건 너무 이상적인 바람일까? 하지만 2010년도 아시안게임에서 발목을 다친 일본 유도선수를 배려하며 경기한 우리나라 선수의 모습에서도 볼 수 있듯이, 선수들 자신이 스포츠를 즐기고 상대편 선수를 배려하는 모습에서 희망을 발견할 수 있다.

시게이에(2010) 강연 내용 중, 2008년 규슈에서 개최된 한중일 3국 첫 외상회의의 장점으로 각 국가와 회의장 간의 거리가 가까웠던 점을 들고 있다. 한국, 중국, 일본 모두 1시간~2시간 정도의 시간으로 그날 아침 본국을 떠나 회의를 마치고 만찬 후 바로 귀국할 수 있었다는 점을 들고 있을 정도로 3국은 지리적으로 가깝다. 특히 한국과 일본은 거리상 가장 가까운 이웃나라라 할 수 있다. 한일 비즈니스맨들의 신속한 왕래를 위해 하네다↔김포 항공편이 생긴지도 벌써 8년이 지났다.[6]

이렇게 가까운 지리상 여건을 살림은 물론이고, 그래도 세계 각국 여러 나라 사람들과 소통해 보아도 한국인과 일본인처럼 '以心傳心'이 통하는 나라는 없다. 이러한 심정적 특징을 충분히 활용하여 서로 상호 보완하면서 양 국민의 행복은 물론이고 세계평화에 이바지하는 두 나라와 두 민족이 되기를 소망하여 마지않는다. 필자는 대학에서 젊은 학생들에게 객관적으로 일본을 전하기 위해 노력해왔다. 이번 기회에는 이 책을 통해 일반인들에게도 현대 일본과 일본인, 일본인의 실상을 전달하고자 한다. 아무쪼록 필자의 글이 양국간의 우호 증진과 양 국인의 상호 이해에 조금이라도 보탬이 되기를 바라 마지않는다.

---

[6] 하네다↔김포 항공노선은 2003년 11월 30일부터 운항을 시작하였다. (YTN 뉴스 : http://news.naver.com/main/read.nhn?mode=LPOD&mid=tvh&oid=052&aid=0000019622)

이해할수록
잘 보이는
日本

6
후기

이 해 할 수 록 잘 보 이 는 일 본

후기

　5장에서 異문화는 우열이 아니고 다를 뿐이라고 이야기한 바 있다. 다음 두 가지 예를 통해 異文化간 커뮤니케이션에 대해 생각해보면서 이 글을 마무리하고자 한다. 필자가 근무하는 대학에 2년전부터 대우교수로 근무하는 일본인 친구 다테상이 있다. 4년전 한국에 와서 지방의 모 대학에서 2년간 가르치다, 2년전부터는 필자가 재직하는 대학에 와서 가르치고 있는 동료이다. 언젠가 필자는 다테상에게 한국생활의 힘든 점과 좋은 점을 솔직히 말해달라고 했다. 그의 경험담은 필자가 다른 문화를 받아들이는 자세에 대해 다시 한번 생각해보는 계기가 되었다.

　그가 퇴근 시 한 손에는 가방, 한 손에는 시장바구니를 들고 버스를 타고 가다 경험한 일이다. 숙소 앞에서 그 버스가 크게 커브를 돌았는데, 그는 두 손에 다 짐을 들고 있어서 아무 것도 잡지 못하는 상태였다. '위험한데……'라고 생각한 순간, 옆자리에 앉은 아주머니가 아무 말 없이 그의 허리를 팔로 지탱해주었는데 버스가 커브를 돌고 나자, 그 아주머니는 아무 일도 없었다는 듯이 다시 앞을 보더라는 것이다. 이 친구는 서로 다른 사람의 몸에 손을 대는 것을 별로 좋아하지 않는 일본에서는 경험할 수 없는 '한 순간에 벌어진 일'이라 며칠이나 가슴 속이 따뜻했다고 한다. 이와 반대로 일본에서 좌석에 앉아 있는 어느 외국인 승객이 "붙잡아 드릴까요?" 등의 사전 허락없이 아무 말 않고 일본인 승객의 몸에 손을 댔을 경우 어떤 반응이 일어났을까? 아마도 그 일본인 승객은 놀라거나 상당히 불쾌하게 여기는 등 부정적인 반응을 보였을 가능성이 높다.

이 작은 에피소드를 통해 호스트 국의 문화와 이를 받아들이는 손(客)의 마음가짐의 관계에 대해 다시 한번 생각해 볼 수 있었다. 서로의 마음가짐에 따라 異문화에서의 생활이 힘들 수도 있고, 이렇게 가슴 따뜻한 경험을 할 수도 있다는 것을 새삼 느낀 가슴 훈훈한 경험담이다.

그리고 일본 APU 콘도(Kondo Yuichi) 교수가 서강대 특강에서 말한 내용을 소개하고자 한다. "양국 젊은이들이 자신의 대학에 유학 온 유학생들의(서강대에 온 87개국) 숫자만큼의, 즉 87개의 거울에 비춰진 자신과 서로를 돌아보며 미래를 개척해가는 양국관계가 되도록 노력하자"라고 강조했다.

세계 속의 한국을 객관적으로 바라보되, 이웃나라와 사람들을 따뜻하고 열린 마음으로 대할 때, 진정한 글로벌라이제이션을 위한 협력관계를 구축할 수 있다고 본다. 이러한 양국인의 협력관계를 바탕으로 세계평화를 위해 노력하는 양국인이 되기를 바라마지 않는다.

서 평

서 평

아카데미즘과 대중의 교류

진창수
(세종연구소 일본연구센터장)

　신혜경 교수의 '이해할수록 잘 보이는 일본'은 한국 사회에서 대중과 아카데미즘을 연결해 주는 소통의 책이며, 개인의 경험을 아카데미즘에서 설명하고자 한 새로운 시도의 책이다. 이러한 저자의 시도는 30여년 동안 일본과의 교류를 통해 얻은 소중한 경험이 토대가 되어 일반인들이 일본을 쉽게 이해할 수 있게 해주었다.
　일반적인 일본학의 발전과정을 보면 인문학적인 취미나 호기심에서 출발하여 본격적인 일본 사회, 정치, 그리고 문화 등의 분석하는 일본연구(Japan Study)에 이르게 된다. 그리고 학문적인 영역의 일본 연구는 점차 대중과 정책적인 영역에서도 영향을 주어 정책연구(Policy Study)를 진척시키면서 일반 대중의 인식도 변화되는 패턴을 가지게 된다. 그러나 한국에서 일본에 대한 지적 호기심은 학문적인 일본 연구로 발전한 것이 아니라 주로 개인의 경험, 저널리즘이나 가십거리의 수준을 벗어나지 못하면서 예외적이고 부정적인 일본의 이미지를 만드는 경향이 많았다. 한편으로는 극단적으로 일본을 긍정적인 이미지로만 설명함으로써 일본을 찬미하는 경우마저도 나타났다. 이로 인해 한국의 일본에 대한 일반적인 인식은 긍정과 부정이 극단적으로 치우친 모순을 안고 있었다. 그 예로 전전의 제국주의 일본과 1980년대의 경제대국 일본의 양극단이 우리의 일본 이미지를 형성하고 있다고 해도 과언이 아니다. 이러한 일본 인식은 상업적인 매스컴과 영합하면서 흥미위주의 일본인식과 표피적인 일본 인식이 유행하게 된 원인이 되었다.

저자는 한국의 상업적인 포퓰리즘이 가져온 일본 인식의 문제점을 지적하면서 객관적으로 일본을 이해하기 위해 변화, 비교, 차이의 개념으로 일본을 설명하고자 하였다. 이러한 저자의 시도는 어느 정도 성공적이라고 할 수 있다. 우선 고정적인 일본론에서 시대에 따라 개인에 따라 서로 다른 일본의 이미지가 존재한다는 것을 설명하였다. 즉 시대에 따라서는 긍정적인 이미지가 형성되었다가도 부정적인 이미지로 변화할 수 있다는 것을 설명하였다. 그 예로 저자는 도요타(렉서스의 리콜 사태)사례를 설명하면서 구조적인 요인과 정책적인 실수에서 찾았다. 둘째, 감성적이고 표피적인 일본인식을 지양하기 위해 한국사회와 일본사회의 비교를 통하여 서로의 차이점을 밝혀내고자 하였다. 저자는 의식, 삶의 방식, 사회구조로부터 발생하는 한일 양국의 차이점은 부정적인 일본의 이미지로 나타나는 것이 아니라, 오히려 일본을 이해하고 다가갈 수 있는 연결고리를 제공한다고 설명하였다.

셋째, 일본의 이해는 우리가 역사인식으로부터 오는 고정관념을 버리면서 상대방을 이해할 수 있는 마음의 자세가 필요하다는 것을 주장하였다. 저자는 가족내에서도 서로 다른 일본 인식이 있다는 것을 설명하면서 열린 마음과 글로벌 자세가 일본을 객관적으로 인식할 수 있다는 것을 강조하였다.

이러한 저자의 의도는 책의 구석 구석에서 묻어나고 있다. 우선 저자는 한일의 교육방식의 차이를 통해 일본을 설명하고자 하였다. 흔히 우리들은 일본을 바라볼 때 한국과의 차이를 인정하지 않은 채 우리의 잣대로 바라보는 경향이 있었다. 한국과 일본의 문화가 유사한 것 같으면서도 다른 것은 넓게는 유교의 영향, 반도와 섬나라라는 환경의 영향, 서구 문물을 언제 받아들였는가에 따른 서구화의 영향의 차이 등에 있다고 저자는 말한다. 일본의 근대화 성공 이후 일본과 한국은 왕래와 소통이 빈번하여 한일이 유사점을 많이 가지게 된 것도 사실이다. 그럼에도 불구하고 교육방식의 차이점이 한일 양국의 의식구조에 많은 영향을 주었다. 즉 일본은 타인과의 조화를 교육의 목표로 하고 있는데 반해 한국의 교육은 도전의식과 목표의식에 중점을 두고 있다. 이로 인해 일본의 젊은이들은 헝그리 정신이 희박하고 뚜렷한 목표의식을 가지지 못하였다. 이것이 일본 침체의 원인이 되고 있다고 저자는 지적한다.

다음으로 저자는 일본의 의식구조를 설명함으로써 한일 양국의 차이점을 쉽게 설명하고자 하였다. 여기서 저자는 일반적으로 일본의

의식구조를 설명할 때 사용하는 혼네(本音)와 다테마에(建前)를 저자 나름의 바운더리(boundary) 개념으로 변환하여 한국과 일본의 차이를 설명하고 있다. 즉 일본인은 한국인에 비해 명확히 바운더리를 만들고 있고, 이것이 일본인의 인간관계를 규정 짖고 있다는 것이다. 또한 네마와시(根回し)의 개념을 설명하면서도 한국과 비교를 염두에 두어 일본인의 조화 의식에 초점을 두었다. 이로써 네마와시는 부정적인 개념이 아니라, 문화의 차이로 해석할 수 있었던 것이다. 이어 저자는 공동체의식, 책임감, 그리고 공사구분 의식 등의 한일 비교를 통하여 한국과 일본이 왜 차이가 나는지를 설명하고자 하였다. 저자의 한일 문화의 차이를 설명하기 위한 기존의 개념에 대한 재해석은 일본에 대한 이해를 가져다 주는 감미료와 같다. 이는 저자의 풍부한 경험에서 온 직관의 산물임에는 틀림없다.

다음으로 일본에 생활하면서 일본의 의식주와 교통사정, 그리고 보험제도에 관련된 구체적인 경험을 설명하였다. 일본의 장점과 단점을 편견 없이 서술함으로써 일본의 현실에 접하지 않았던 사람에게 일본을 쉽게 이해할 수 있는 매력에 빠지게 만든다. 흔히 일본인이 한국에 대한 관심이 훨씬 높은 것으로 생각하기 쉽지만, 저자는 일본인의 삼무(三無: 無知, 無関心, 無神経)를 설명하면서 피상적인 인식은 한일교류에 문제가 있다는 것을 강조한다. 그러면서 한일 양국은 빈번한 왕래와 문화 유입에 따른 영향으로 많은 부분에서 유사한 방향으로 가고 있지만, 한일이 문화 차이를 인정할 때 일본을 객관적으로 이해할 수 있다는 것을 다시 한번 강조하고 있다.

　마지막으로 한일 양국이 나아갈 새로운 길을 제시하고 있다. 여기서 특히 흥미로운 것은 일본을 이해할 때 심리적인 사이클이 존재한다는 것을 설명한 것이다. 저자는 30년 이상의 경험을 통해 이문화에 적응하는 개인의 심리적인 변화를 제 1기는 흥분기, 제 2기 실망기, 제 3기 이해기, 제 4기 적응기로 파악한다. 따라서 개인의 인식도 고정된 것이 아니라 변화할 수 있다는 것을 논리적으로 설명하였다. 그리고 한일에 대한 이해는 서로를 반성하는 계기가 되어야 나은 미래를 만들어 나갈 수 있다는 것을 주장함으로써 상호 감정의 소통이 한일간에 무엇보다도 중요하다는 것을 설명하였다. 이를 위해서는 한국인 스스로가 오픈 마인드로 일본을 바라볼 때 한국도 선진국으로 나아갈 수 있다는 역발상을 제안하면서 한일관계에서 과감한 발상의 전환을 요구하고 있다.

　저자는 개인적인 경험을 학문적 분석으로 설명함으로써 예외적이고 특수한 일본의 이미지를 풍부하게 그려 내었다. 일본 수정주의자들과 다른 저자의 장점은 우선 한국과의 차이점을 강조하기 보다는 일본의 이해와 친밀도를 높이고자 한 점이다. 또한 문화는 우열을 가릴 수 없다는 전제하에 그 차이를 이해할 수 있는 설명의 방식을 제공함으로써 표피적인 일본론과 차별성을 가져왔다는 점이다.

　저자의 경험에서 우러난 일본 이해는 한국인 특유의 시각을 제공함으로써 한국의 일본학이 세계로 뻗어나가는 발판을 마련하는데 많은 공헌을 할 것이다. 또한 아카데미즘을 대중적인 시야로 접목시키고자 한 저자의 노력은 한국인이 일본에 쉽게 접근할 수 있는 최고의 길라잡이로 길이 남을 것이다.

참고문헌

박상현, 『한국인에게 '일본'이란 무엇인가』, 서울: 박문사, 2010.
신혜경, 「甘えは日本語特有か－主に韓語との比較から」, 『日本語意味論』, 上智大
　　　意味論研究會, 1988.
_____, 「한국과 일본 직장 남성들의 대우표현 비교연구」, 『한국사회언어학』,
　　　1:108-131, 1993.
_____, 「韓国語と日本語の待遇表現の社会言語学的比較研究: 呼称とスピーチ・
　　　レベルの使用法を中心に」, 『上智大学学位論文』, p.437, 1996a.
_____, 「한국과 일본대학생의 대우표현 비교연구」, 『한국사회언어학』, 4-1:83-98,
　　　1996b.
_____, 「성서에 나타난 한국어와 일본어의 대우표현 비교연구」, 『한국사회언어
　　　학』, 5-2:459-506, 1997.
_____, 「異文化間 의사소통오해: 한국어와 일본어를 중심으로」, 『사회언어학』
　　　제8권 1호, 265-288, 2000.
_____, 「A Comparative Study of Korean and Japanese Ways of Thinking in
　　　Their Verbal Behaviors」, 『In Korean &/or Corpus Linguistics』,
　　　pp.327-358, 2003.
_____, 「한국대학생의 부탁표현에 나타나는 언어의식」, 『日本語文学』 第31回
　　　日本語文学会, 2005.
_____, 「韓国人と日本人の言語行動の比較研究」, 『日本語文学』 第32回 日本語文
　　　学会, 2006a.
_____, 『한국인과 일본인의 언어행동과 문화의 차이』, 서울: 보고사, 2006b.

윤상인, 『일본을 강하게 만든 문화코드 16』, 서울: 나무와 숲, 2010.
이어령, 『縮み志向の日本人』, 東京: 學生社, 1989.
＿＿＿, 『축소지향의 일본인』, 서울: 문학사상사, 2010.
진창수, 『일본의 정치경제』, 서울: 한울아카데미, 2009.
통계청, 『2009 통계로 보는 여성의 삶』, 2009.7.
青木保, 『日本文化論の変容』, 東京: 中公文庫, 1999.
犬養道子, 『私のヨーロッパ』, 東京: 新潮社, 1972.
＿＿＿, 『セーヌ左岸で』, 東京: 中公公論者, 1977.
＿＿＿, 『ある歴史の娘』, 東京: 中公公論新社, 1977.
＿＿＿, 『日本人が外に出るとき』, 東京: 中公文庫, 1991.
重家俊範, 『日韓関係とアジア』, Japan Day in Sogang, 5.25, 2010.
司馬遼太郎, 『この国のかたち』, 徐石演 역(1994), 『일본, 일본인 탐구』, 서울: 고려원, 1994.
司馬遼太郎・山崎正和, 『日本人の内と外』, 東京: 中公文庫, 2001.
高橋妙子, 『日韓文化交流の実態』, 서강대학교 문학부 일본학 특강, 2008.
牧野成一, 『ウチとソトの言語文化学』, アルク, 1996.
文部科学省, 「学校基本調査報告」,2005.
文部科学省 ホームページ: http://www.mext.go.jp/
Goldman Sachs, 『The Economist』 March 5,2009.
IMF: http://www.imf.org/,2010
Kim, Y. -Y, 「Adapting to a New Culture. In Intercultural Communication.」, L.A., 1997.

찾아보기

(A, 1, あ)

host language ·················· 158
interlanguage ·················· 161
intralanguage ·················· 161
お返し文化(선물을 주고받는 문화)
 ·················· 156
三無 ································· 105
内와 外 ····························· 40
無知 ································· 105
無神經 ····························· 105
無關心 ····························· 105
貸し借り ························· 36

(ㄱ)

경쟁하는 친구 ················ 177
기모노(きもの) ················ 135
기츠케(着付け)학원 ········· 137

(ㄴ)

네마와시(根回し) ············· 72

(ㄷ)

다테마에 ···················· 39, 59
도시락 ····························· 123

(ㄹ)

레이킹(礼金) ···················· 144
료칸(旅館) ························ 128

(ㅁ)

무라하치부(村八分) ········· 90
문화는 우열이 아니고 다를 뿐 167

(ㅂ)

바람의 정원(風のガーデン) ······· 168
불꽃놀이(花火) ················ 137

(ㅅ)

사람 사는 곳은 어디나 인간관계
 ·················· 118
사무에(作業衣) ················ 137
시치고상(七五三) ············· 135
시키킹(敷金) ···················· 144

실망 / 望鄕(homesick)기 ·········· 154

(ㅇ)

아리가따메이와쿠(ありがた迷惑) 75
언어능력(linguistic competence) 154
에키벤 마니아 ························· 124
오세치(おせち) 요리 ················ 122
와리캉 ································· 117
외국어 학습(learning of the foreign language) ···················· 99
우라가에시(裏返し) ·················· 145
유카타(ゆかた) ················ 137, 139
이해기 ································ 159
일본식(和風) ························ 120

(ㅈ)

적응기 ································· 160
제2 외국어 습득(acquisition of the 2nd language) ·············· 99

(ㅋ)

카시카리 ······························· 65
카이세키(懷石)요리 ··················· 126

(ㅎ)

하나(花) 요리(より) 당고 ········· 124
하카마(はかま) ························ 137
혼네 ···································· 59
흥분기 ································ 153

저자소개

신 혜 경

- **학력**
  - 1965년 경기여자고등학교 졸업
  - 1965년 서강대학교 문과대학 영어영문학과 입학
  - 1969년 서강대학교 문과대학 영어영문학과 졸업
  - 1982년 上智大学大学院外国語研究科言語学専攻 석사과정 입학
  - 1989년 上智大学大学院外国語研究科言語学専攻 박사과정 수료
  - 1996년 上智大学大学院外国語研究科言語学専攻 박사학위 취득

- **전공**
  - 사회언어학(Sociolinguistics)

- **경력**
  - 1971년 ~ 1974년   재단법인 언어교육연구원 강사(한국어)
  - 1990년 ~ 1993년   上智大学커뮤니티 칼리지 강사(韓日言語, 文化, 社会比較講座)
  - 1991년 ~ 1993년   青山大学院(일본) 外 3개 대학 강사(韓日対照言語学)
  - 1993년 ~ 1994년   서강대학교 교양과정부 강사
  - 2007년 ~ 2008년   전국여교수연합회 회장
  - 2008년 ~ 2010년   현재 전국여교수연합회 고문
  - 2010년 12월   현재 서강대학교 문학부 일본학 주임교수

◆ 연구업적

저서
- 「韓国の社会言語学の動向」『海外言語学情報』第4號 太田朗, Felix Lobo 編 (大修館書店)(1987)
- 「han(限)とurami(うらみ)はどう違うのか」『日本語感情動詞の研究』上智大学意味論 研究会 芳賀やすし(編) (1988)
- 「『甘え』は日本特有のものか−主に韓国語と比較から」『日本語感情動詞の研究』上智大学意味論研究会 芳賀やすし(編) (1988)
- 한국인과 일본인의 언어행동과 문화의 차이 (보고사 2006)

논문
- 「第二言語としての日本語習得における『コソア』の問題−韓国人の日本語習得を中心に」修士論文『上智大学大学院外国語學研究科言語学專攻』(1984)
- 「第二言語としての日本語習得における『コソア』の問題」『言語の世界』(言語研究學會) (1985)
- 「沖繩縣大理における共通語化」Sophia Linguistica ⅩⅧ.『上智大學』(1985)
- 「四つの社会的変数との関係に見られる韓国の絶対敬語的性質と日本の相対敬語的性質」,『上智大学言語学会会報 5』, 1990.
- 「A Survey of Sociolinguistics in Korea」,『International Journal of Sociology of Language』, Special issue. J. S. Fishman(ed.) (1990)
- 「한국과 일본 직장 남성들의 대우표현 비교연구」,『한국사회언어학』, 1:108-131, 1993.
- 「韓国人主婦と日本人主婦の聞き手呼称法の比較研究」,『上智大学言語学会会報 8』, 1993.
- 「한국과 일본대학생의 대우표현 비교연구」,『한국사회언어학』, 4-1:83-98, 1996
- 「韓国語と日本語の待遇表現の社会言語学的比較研究: 呼称とスピーチ・レベルの使用法を中心に」,『上智大学学位論文』, p.437, 1996
- 「韓国と日本の大学生の第3者待遇表現の比較研究」,『上智大学言語学会会報』, 1121-50, 1996
- 「성서에 나타난 한국어와 일본어의 대우표현 비교연구」,『한국사회언어학』, 5-2:459-506, 1997.
- 「異文化間 의사소통오해: 한국어와 일본어를 중심으로」,『사회언어학』제8권 1호, 265-288, 2000.
- 「Intercultural Communication: Miscommunication of Korean and Japanese」『In The Sociolinguistic Journal of Korea』. 8-1: 265-288
- 「韓国語と日本語の待遇表現の考察: 場の作用と聞き手の影響」,『日本語文学』第11回 日本語文学会, 2000.
- 「A Comparative Study of Korean and Japanese Ways of Thinking in Their Verbal

Behaviors」,『In Korean &/or Corpus Linguistics』, pp.327-358, 2003
- 「韓国人と日本人の言語行動に見られる文化の影響－依頼表現の使用を中心に－」『社会言語科学会第14回大会発表・論文提出』. 2004. 9. 5
- 「한국대학생의 부탁표현에 나타나는 언어의식」,『日本語文学』第31回 日本語文学会, 2005.
- 「韓国人と日本人の言語行動の比較研究」,『日本語文学』第32回 日本語文学会, 2006.

학술대회

- 「第二言語としての日本語習得における『コソア』の問題－韓國人の日本語習得を中心に」 修士論文(上智大學大學院外國語學研究科言語學專攻) (1984)
- 「韓國と日本の待遇表現に見られる絶對敬語的性質と相對敬語的性質」 上智大學言語學會 第11回大會(1996)
- 「한국어와 일본어의 대우표현의 비교연구」 사회언어학회 97 가을학술대회 (1997)
- 「聖書における韓國語と日本語の比較研究 - 呼稱とスピーチレベルの使用法を中心に」 日本言語學會第115回大會(1997)
- 「日本人の待遇表現に見られる場の影響と, 聞き手に合わせた敬語行動の特徵」 社會言語科學會研究大會(1998)
- 「Miscommunication of Korean and Japanese from the Perspective of Honorific Usage」 World Congress of Applied Linguistics(1999)
- 「Intercultural Communication:異文化적응과 한국어와 일본어 사용에서 나타나는 miscommmunication」 사회언어학회 2000년 여름 학술발표회(2000. 6. 24)
- 「人間學(韓國では人性教育)の必要性及び實踐方法の模索：西江大學の事例」 上智人間學會 第28回大會 (2000. 9. 23)
- 「한국어와 일본어의 대우표현에 관한 고찰:場의 작용과 듣는 이의 영향」 2001년도 제20차 일본어문학회 동계 국제 학술대회(2001. 2. 24)
- 「Politeness as Found in Korean and Japanese Honorifics」 International Circle of Korean Linguistics(2002. 7. 8)
- 「A Comparative Study of Korean and Japanese Ways of Thinking in Their Verbal Behaviors」 ICKL-TU Berlin Conference(2003. 7)
- 「韓國人と日本人の言語行動に現れる文化の影響」 Japan Association of Sociolinguistics Science(2004.9)
- 「대학생이 이해하는 '문화'와 '문화교육'의 나아갈 길 모색」 사회언어학회 2008년 봄 학술대회(2008. 4. 14).

이해할수록 잘 보이는 일본

초판인쇄 2010년 12월 15일
초판발행 2010년 12월 25일

저 자 신혜경
발 행 인 윤석현
발 행 처 제이앤씨
등록번호 제7-220호
책임편집 박채린

우편주소 132-702 서울시 도봉구 창동 624-1 현대홈시티 102-1206
대표전화 (02) 992-3253(대)
전 송 (02) 991-1285
홈페이지 www.jncbms.co.kr
전자우편 jncbook@hanmail.net

ⓒ 신혜경 2010 All rights reserved. Printed in KOREA

ISBN 978-89-5668-835-0   03910   **정가** 10,000원

* 저자 및 출판사의 허락 없이 이 책의 일부 또는 전부를 무단복제·전재·발췌할 수 없습니다.
* 잘못된 책은 교환해 드립니다.